Inhalt

Schwierigkeitsgrad der Fälle:
* leicht
** mittelschwer
*** schwer

Ravensburger Taschenbücher
Band 227

Club der Detektive Band 4

Otto Maier Verlag Ravensburg

Wolfgang Ecke

Solo für Melodica

Mit Zeichnungen von Rolf Rettich

Originalausgabe

Umschlagentwurf von Rolf Rettich

Gesamtherstellung: Verlag und Druckerei G. J. Manz AG, Dillingen
Printed in Germany

8 7 6 5 4   79 78 77 76 75

ISBN 3-473-39227-8

nr. 1 Solo für Melodica

Freitag, 27. Mai, 16 Uhr 20.
In den Büroräumen des Weickert-Konzerns regten sich die Hände nicht mehr allzu eifrig. In zehn Minuten war Dienstschluß. Für über vierhundert Angestellte bedeutete das den Start ins Wochenende.
Auch in einem Büroraum der Buchhaltung bereitete man sich auf den Feierabend vor. Es war 16 Uhr 24, als einer der vier Männer, die in diesem Raum arbeiteten, die Tür zum Nebenraum öffnete – stutzte – und behutsam wieder schloß. Niemand hatte diesem kleinen, eigenartigen Manöver Beachtung geschenkt.

In Scharen strömten Männer und Frauen auf dem riesigen, betriebseigenen Parkplatz zu ihren Fahrzeugen. Außer zweihundert PKW-Stellplätzen gab es noch Regendächer für Fahrräder, Mofas und Motorräder.
Auch Eberhard Bühler strebte seinem Wagen zu. Unter seinem linken Arm trug er, fest an sich gepreßt, eine sichtlich schwere Aktentasche. Er ging schneller als üblich und sah sich nicht ein einziges Mal nach irgendwelchen Kollegen um. Als er die Tür des Wagens hinter sich zuschlug, atmete er tief und erleichtert auf. Wenige Minuten später erreichte er die Ausfallstraße in Richtung Stadt ... Er merkte nichts davon, daß sich ein stahlblauer VW an seine Fersen geheftet hatte.

16 Uhr 52 bog er in die Coburger Straße ein, in der sich seine Zweizimmerwohnung befand. Noch immer folgte ihm der VW wie ein Schatten. Erst als Bühler vor seinem Haus hielt, fuhr auch sein Verfolger rasch an den Bordstein und schob sich in eine Parklücke.
16 Uhr 58 betrat Eberhard Bühler seine Wohnung, verstaute die schwere, prallgefüllte Aktentasche, und verließ vier Minuten später noch einmal das Haus um einige Einkäufe zu machen.
Der stahlblaue VW war verschwunden.

Zwei Stunden später.
Nur wenige hundert Meter von Bühlers Wohnung entfernt saßen sich zwei Männer gegenüber. Auch hier war die Umgebung eine Wohnung. Während der eine der beiden, ein rotblonder Jüngling mit blitzender Goldbrille, gedankenverloren vor sich hin rauchte, blies der andere auf einer Melodica. Es war eine alte irische Melodie. Er blies auch weiter, als der Raucher sagte: „Es ist gleich sieben, ich ruf jetzt an . . .!"
Der Rotblonde erhob sich und ging hinüber zum Schreibsekretär mit dem Telefon. Von einem Zettel las er die Nummer ab. Sein Gesicht verzog sich ironisch, als sich am anderen Ende des Drahtes eine Stimme meldete:
„Hier Bühler!"
„Einen wunderschönen guten Abend, wünsche ich!"
Stille. Dann wieder die Stimme Bühlers. Diesmal mißtrauisch: „Wer spricht denn dort?"
„Jemand, den zu kennen Sie noch nicht das Vergnügen

hatten ... Herr Bühler, ist Ihnen der Paragraph 217 der Betriebsordnung bekannt?"
Der Rotblonde spürte das Entsetzen seines Gesprächspartners und sein Grinsen verstärkte sich.
„Sie sind erschrocken, was? Kein Wunder. Wie heißt es doch gleich im Paragraph 217 der Betriebsordnung?: Das Mitnehmen und Ausleihen betriebseigener Maschinen und Gerätschaften ist streng untersagt. Zuwiderhandlungen werden mit fristloser Entlassung geahndet ..."
Bühlers Stimme war heiser:
„Hören Sie, was wollen Sie von mir?"
Der Anrufer erwiderte kalt:
„Sie erinnern sich noch an den Fall Schreiber? Sebastian Schreiber. Er wurde fristlos entlassen, weil er sich übers Wochenende ein kleines, unscheinbares Diktiergerät ausgeliehen hatte. Bös, was? Nun, wir sind empfindsame Menschen und wollen Ihnen das Schicksal Schreibers ersparen, lieber Herr Bühler. Aber, und das werden Sie einsehen, diese Gefälligkeit kostet Sie tausend Mark. Tausend DM oder Tausend Deutsche Mäuse ... Nun, wie finden Sie unsere Bescheidenheit? Sie haben bis Sonntagabend Zeit."
„So viel Geld habe ich nicht im Haus!"
„Dann beschaffen Sie es sich ..." Die Stimme des Goldbebrillten war jetzt gehässig geworden, und er ließ keinen Zweifel daran aufkommen, daß er die Situation genoß.
Doch Bühler protestierte:
„Es ist Wochenende, Herr Erpresser, wie und wo soll ich da tausend Mark auftreiben?"

„Das ist Ihre Sache. Ich werde Sie im Laufe des Sonntagabend wieder anrufen und Ihnen weitere Einzelheiten mitteilen. Tausend Mark – oder fristlose Entlassung. Guten Abend, Herr Bühler!"
Der Rotschopf hielt den Telefonhörer sekundenlang über der Gabel, bevor er ihn niederfallen ließ. Der zweite Mann spielte noch immer Melodica, und noch immer die gleiche Melodie. Doch es bestand kein Zweifel daran, daß er jedes Wort mitbekommen hatte.
„Na, wie war ich?" fragte der Telefonierer. „Dein lieber Kollege wird schmoren wie ein Spiegelei. Ich verziehe mich jetzt. Wir sehen uns morgen früh im Hallenbad."

Auch Eberhard Bühler hatte den Hörer wieder auf die Gabel zurückgelegt. Überraschung, Angst und Zorn beherrschten ihn gleichermaßen, und er gab sich keinen Illusionen darüber hin, daß er regelrecht erpreßt werden sollte.
Doch wer steckte dahinter? Wer wußte, daß er sich heimlich eine Rechenmaschine ausgeliehen hatte?
Nach einem miserablen Freitagabend verbrachte Bühler auch noch eine schlaflose Nacht. Und immer, wenn er an den mysteriösen Anrufer dachte, trat ihm der Schweiß auf die Stirn. Was sollte er tun? Die tausend Mark bezahlen – oder nicht? Wer garantierte ihm, daß der oder die Erpresser ihn nicht weiter belästigen würden. Oder sollte er sich taubstellen? Riskieren, daß sie ihn anzeigten? War das Ende seiner beruflichen Laufbahn im Weickert-Konzern gekommen?

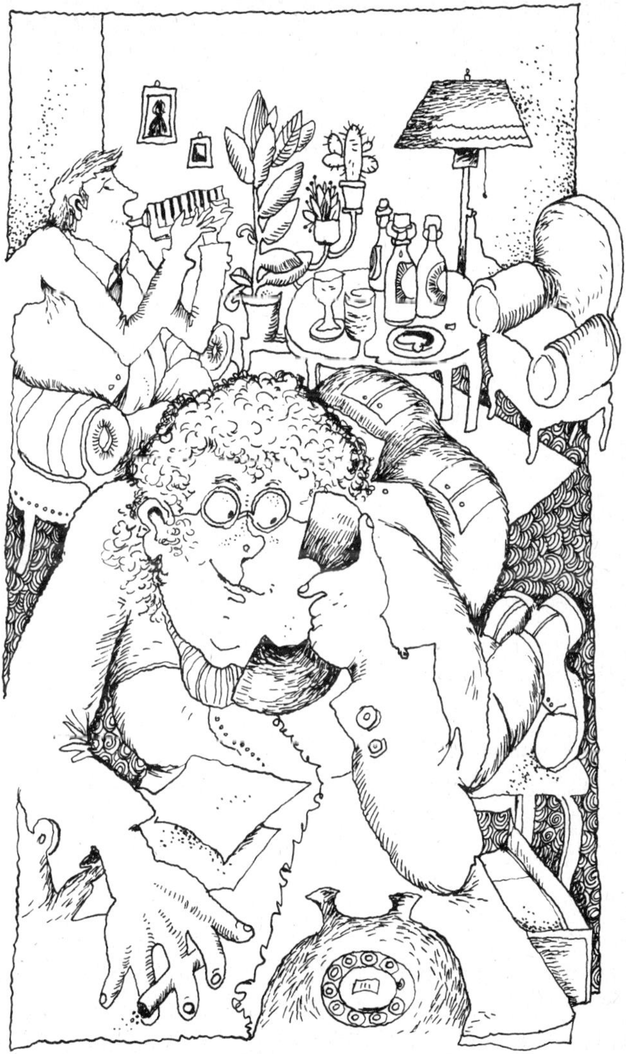

Fragen über Fragen. Eberhard Bühler wußte keine einzige erschöpfend zu beantworten. Vielleicht gab diese Tatsache den Ausschlag dafür, daß er am Abend zuerst ein Telefongespräch führte und anschließend einen Mann aufsuchte, von dem er glaubte, daß er ihm helfen könne...

„Bitte, nehmen Sie Platz, Herr Bühler!"
Bernd Martin war Ende fünfzig, hatte gepflegtes, graumeliertes Haar und strömte Ruhe und Überlegenheit aus.
„Es ist mir ehrlich peinlich, daß ich Sie noch so spät störe. Aber Frau Jung meinte, Sie könnten mir ganz bestimmt helfen."
Martin winkte ab:
„Sie brauchen sich nicht zu entschuldigen. Die einzige Befürchtung, die ich habe, ist, daß ich nicht die richtige Adresse für Sie bin. Meine Schwester pflegt mich in der Regel zu überschätzen. Außerdem macht sie sich von meinem Beruf nicht gerade eine sehr realistische Vortellung. Sie sieht viel fern. Das ist ihr Fehler, schätze ich." Martin hatte alles mit einem liebenswürdigen Lächeln gesagt. Trotzdem war die Enttäuschung in Bühlers Gesicht groß, als er sagte:
„Aber Sie sind doch Detektiv!"
Martin nickte: „Versicherungsdetektiv... Doch ich würde vorschlagen, daß Sie mir zuerst einmal Ihre Geschichte erzählen. Vielleicht kann ich Ihnen wenigstens einen Tip geben."
Diesmal nickte Eberhard Bühler.

„Ich arbeite hauptberuflich als Lagerbuchhalter im Weickert-Konzern. Nebenbei mache ich meinem Schwager alle Steuersachen. Ja, und das wollte ich auch an diesem Wochenende tun. Zu diesem Zweck habe ich mir heimlich eine kleine, elektronische Rechenmaschine aus der Firma mit nach Hause genommen."

„Und das ist verboten!" warf Martin ein.

„Ja. Es gibt dafür sogar eigens einen Paragraphen. Nach diesem werden Zuwiderhandlungen mit fristloser Entlassung bestraft."

Bernd Martin schüttelte den Kopf:

„Das sind ja ziemlich drastische Methoden für ein fortschrittliches Werk. Sie sagten am Telefon etwas von Erpressung. Hängt diese mit der Rechenmaschine zusammen?"

„Ja. Der Mann der anrief, formulierte es so: ‚Tausend Mark oder fristlose Entlassung.'"

„Daß er davon weiß, läßt darauf schließen, daß er zu Ihrem Kollegenkreis gehört. Haben Sie die Stimme erkannt?"

Bühler verneinte und fügte nach einer Atempause zu:

„Als ich die Maschine in die Tasche packte, hörte ich meine Tür gehen. Aber es kam niemand herein. Erst nach dem Anruf wußte ich, wie wichtig dieses Türgeräusch war."

Der Detektiv sah interessiert auf:

„Wie soll ich das verstehen?"

„Es schränkt den Täterkreis auf vier Personen ein. Die Tür führt nämlich zu einem Balkonzimmer, das keinen weiteren Ausgang hat, und in dem vier Kollegen arbeiten."

Martin schien von diesem Tatbestand ziemlich beeindruckt, und in seine Augen war etwas getreten, was man als Jagdfieber bezeichnen könnte. Aber noch schien er nicht ganz sicher:

„Könnte es nicht aber auch sein, daß Ihr Schwager eine unvorsichtige Bemerkung gemacht hat?“

Bühler winkte entschieden ab.

„Das konnte er gar nicht. Er wußte nichts von der Maschine. Da er fünf reizende aber auch sehr laute Kinder hat, bearbeite ich seine Sachen immer in meiner Wohnung ... Aber mir ist etwas anderes aufgefallen: Als der Fremde mit mir telefonierte, hörte ich im Hintergrund Musizieren.“

„Meinen Sie Radiomusik?“

„Nein. Jemand spielte ein Instrument. Es klang fast wie Akkordeon ...“

„Vielleicht Mundharmonika?“

„Nein, es heißt anders ... mir liegt der Name auf der Zunge ...“

„Ah, ich weiß, was Sie meinen: eine Melodica!“

Eberhard Bühler nickte eifrig:

„Ja, so heißt das Instrument.“

„Spielt einer dieser vier Kollegen aus dem Nebenzimmer so eine Melodica?“

„Nein, nicht daß ich wüßte!“ erwiderte Bühler.

„Können Sie mir die Adressen der Vier geben?“

Bühler zuckte mit den Schultern.

„Die von Maier und Gerlach habe ich, aber ...“ Dann besann er sich: „Die von Otto und Fiedler können wir dem Telefonbuch entnehmen ... Wollen Sie mir wirklich helfen?“

„Ich will es wenigstens versuchen. Was dabei herauskommt, müssen wir abwarten. Auf alle Fälle will ich morgen vormittag Ihren geschätzten Kollegen einen Besuch abstatten." Und mit einem Lächeln setzte Martin hinzu: „Hoffentlich nehmen es mir die Herren nicht übel, daß ich sie am heiligen Sonntag überfalle. Und dann auch noch vor dem Mittagessen." Sein Gesicht war plötzlich wieder sehr ernst. „Noch etwas", sagte er, „wenn ich die Herren aufgesucht habe, wissen drei weitere von der Misere. Deshalb scheint es mir ratsam, wenn Sie Ihrem Chef am Montag reinen Wein einschenken. Sprechen Sie ein offenes Wort mit ihm ..."

Auf Bühlers Gesicht malte sich Betroffenheit. Doch je länger er über diesen Vorschlag nachdachte, um so mehr glaubte er, daß der Detektiv recht hatte.

„Ja, ich werde es wohl tun ..." stimmte er dann bei.

Sonntagvormittag.

Bernd Martin hatte die vier Adressen nach Entfernungen geordnet. Das hieß, daß sein Besuch Nummer eins dem am weitesten entfernt wohnenden Kollegen Bühlers galt. Es war ein Mann namens Paul Gerlach. Und er war ziemlich reserviert, als er öffnete und fragte:

„Bitte, was wünschen Sie?"

Martin verbeugte sich kurz und erwiderte höflich:

„Verzeihen Sie bitte die Störung zu so ungewohnter Stunde, Herr Gerlach. Ich hätte Sie gern einmal gesprochen. Mein Name ist Martin."

„Um was handelt es sich denn?"
„Um Ihren Kollegen Bühler!"
Gerlach sah überrascht auf. Dann erkundigte er sich mit mäßiger Anteilnahme: „Ist ihm was passiert?"
„So könnte man es auch nennen... Nur hier..." Martin deutete mit der Hand auf die Umgebung des Hausflurs.
Gerlach verstand: „Bitte, treten Sie ein!" Seine Stimme wurde wieder von der schon bekannten Reserviertheit beherrscht.
Wenig später saßen sie sich im Wohnzimmer gegenüber. Von nebenan drang Küchenlärm herüber.
„Ja, Herr Gerlach", eröffnete Martin das Gespräch. „Herr Bühler befindet sich in einer ziemlich heiklen Situation: Er wird erpreßt!"
Gerlach beugte den Kopf vor, als habe er sich verhört.
„Erpreßt??" wiederholte er dann. „Das ist ja wohl ein Witz!"
„Leider nein."
„Ich wußte gar nicht, daß der gute Bühler über Reichtümer verfügt." Er spielte den noch immer Fassungslosen.
„Es handelt sich um tausend Mark. Ursache der Erpressung ist ein Vergehen, das er sich vorgestern hat zuschulden kommen lassen."
„Vorgestern? ... Moment mal, vorgestern hat er doch gearbeitet..."
„Eben. Bei Dienstschluß hat er eine kleine Rechenmaschine in seine Tasche gepackt um sie übers Wochen-

ende zu benutzen. Jemand aus dem Nachbarzimmer hat ihn dabei beobachtet und verlangt jetzt für sein Schweigen den Betrag von tausend Mark."

„So eine Gemeinheit!" stieß Gerlach empört hervor. Und noch einmal: „So eine Gemeinheit!"

„Ist Ihnen an einem Ihrer Kollegen etwas aufgefallen?"

Gerlach stützte den Kopf in beide Hände und grübelte vor sich hin. Als er wieder aufsah, stand Ratlosigkeit in seinen Augen.

„Nein, ich wüßte nicht . . ."

„Sind Sie musikalisch, Herr Gerlach?"

„Musikalisch?" wiederholte der überrascht. Und dann: „Ich weiß zwar nicht, was diese Frage bedeutet, aber ich muß zugeben, daß ich total unmusikalisch bin . . . Nicht mal auf dem Kamm kann ich blasen . . ." Er versuchte ein Lächeln.

Bernd Martin gab das Lächeln zurück und erhob sich:

„Ich wäre Ihnen sehr dankbar, Herr Gerlach, wenn Sie Ihre Zimmerkollegen nicht über meinen Besuch bei Ihnen informieren würden."

Gerlachs Hand fuhr durch die Luft.

„Da können Sie völlig unbesorgt sein. Ich habe keinerlei private Kontakte zu meinen Arbeitskollegen."

Als Bernd Martin vor dem Haus Amalienstraße 158 stoppte, war es genau 10 Uhr 50, und es begann zu regnen. Zwei Minuten später klingelte er an der Tür mit dem Namen S. Fiedler.

Stefan Fiedler öffnete selbst. Er war ein großer, hagerer Mann mit einer rötlichen Nase und runzligen Augenlidern, die müde blinzelten. Er trug einen dunklen Anzug mit Nadelstreifen und hielt in der Hand ein halbvolles Weinglas.

„Und das vor dem Mittagessen", durchfuhr es Bernd Martin.

„Wollen Sie zu mir?" schnarrte Fiedler heiser.

„Wenn Sie Herr Fiedler sind – ja!"

„Ich bin Fiedler ... Für wen sammeln Sie?"

„Für niemanden!" Martin bemühte sich aufkommende Heiterkeit zu unterdrücken. „Ich hätte Sie gern gesprochen!"

Fiedler trank sein Glas aus, rülpste leise und stellte dann fest:

„Bitte, ich kann Sie aber nicht hereinbitten, ich hab' das Haus voller Gäste. Um was geht's denn?"

„Um Ihren Kollegen Bühler!"

„Bühler? Wieso Bühler? Sind Sie vielleicht von der Polizei?"

„Nein. Ich stelle private Ermittlungen an!"

Stefan Fiedler runzelte verständnislos die Stirn.

„Bühler ... private Ermittlungen ... Ich verstehe kein Wort. Ist Bühler in Schwierigkeiten?"

„So könnte man es auch nennen. Er war so leichtsinnig, sich für Privatzwecke etwas aus dem Büro mit nach Hause zu nehmen."

„Wann?" rief Fiedler.

„Am Freitag!"

„Am Freitag!" echote Fiedler und blickte den Detektiv starr an.

Dieser fuhr fort: „Sein Pech war es, daß ihn einer aus dem Zimmer, in dem auch Sie arbeiten, dabei beobachtete ... Nun ja, Herr Fiedler, Sie kennen sicher den Paragraphen 217 ..."
Stefan Fiedler blinzelte stärker und seine Stimme war noch heiserer:
„Aber derjenige wird das doch für sich behalten ... Verdammt noch mal, der wird doch dem Bühler keine Schwierigkeiten machen!"
„Leider hat derjenige diese Absicht nicht, Herr Fiedler. Wenn Herr Bühler keine tausend Mark Schweigegeld zahlt, will er ihn der Firmenleitung melden."
Der Hagere schüttelte den Kopf, immer wieder.
„Das ist ja kaum zu glauben." Doch plötzlich hielt er den Kopf still. Seine Augen blickten starr und fast drohend, als er fragte: „Sie halten doch nicht etwa mich für den Bösewicht?"
„Ich habe noch gar keine Meinung, Herr Fiedler. Darf ich Sie trotzdem etwas fragen?"
„Bitte!"
„Sind Sie musikalisch?"
„Ja, ich spiele leidlich gut Klavier!"
„Auch noch andere Instrumente?"
„Das eine oder andere. Aber nicht besonders gut ..."
„Auch Melodica?"
„Ich habe es noch nie probiert ... Aber ich bin sicher, daß ich das auch blasen kann ... Hat das was mit Bühler zu tun?"
„Ja, Herr Fiedler. Es stellt sozusagen ein winziges Mosaiksteinchen dar! Ich danke Ihnen vielmals, daß Sie mir so bereitwillig Auskunft gegeben haben."

Fiedler verzog sein Gesicht zu einem höflichen Grinsen. Dazu wedelte er mit dem leeren Glas:
„Jetzt muß ich aber wirklich was trinken . . .“

Als der Detektiv Bernd Martin in die Hermannsgasse einbog, war es 11 Uhr 15. Der Regen hatte aufgehört, und am Himmel erschien verschämt ein Stück Blau. Angestrahlt von einer noch unsichtbaren Sonne.
Ludwig-Franz Otto hatte er auf seinem Zettel notiert. Und daneben Hermannsgasse 1. Fünf Minuten später stand Martin jenem freundlichen Ludwig-Franz Otto gegenüber.
„Wie, sagten Sie, ist Ihr Name?“
„Martin!“
Otto strahlte über alle Backen.
„Also, Herr Martin, nehmen Sie Platz und freuen Sie sich, daß Sie so ein Glückspilz sind!“
Martin blickte etwas irritiert auf den kleinen, rundlichen Mann, der so ganz das Gegenteil seines letzten Gesprächspartners war.
„Wieso Glückspilz, Herr Otto?“
„Wären Sie nur fünf Minuten später gekommen, hätten Sie nur noch den Geruch meines Rasierwassers vorgefunden. Ich wollte nämlich gerade zum Angeln fahren. Das ist meine Lieblingsbeschäftigung, wenn ich Strohwitwer bin . . .“
Martin war beruhigt.
„Dann bin ich Ihnen doppelt dankbar, daß Sie mir ein paar Minuten schenken wollen. Es geht um Ihren Kollegen Eberhard Bühler.“

„Bühler?“ stutzte Otto. „Warum kommt er nicht selbst ...? oder ist er krank?“

„Sie arbeiten zusammen in einem Zimmer mit den Herren Gerlach, Fiedler und Maier ...“

„Maier mit ‚a‘ ‚i‘!“ warf Otto grinsend ein. Martin nickte.

„Einer von ihnen beobachtete beim vorgestrigen Büroschluß, wie Herr Bühler eine kleine elektronische Rechenmaschine in seiner Tasche verstaute, um sie übers Wochenende privat zu verwenden. Der Betreffende nahm diese Beobachtung zum Anlaß, Herrn Bühler vor die Wahl zu stellen: Entweder tausend Mark – oder aber Anzeige bei der Firmenleitung.“

Otto hatte sich erhoben und ging mit auf dem Rücken verschränkten Armen im Zimmer auf und ab. Dann blieb er mit einem Ruck vor dem Detektiv stehen.

„Man würde ihn auf der Stelle entlassen!“

„Ich weiß. Deshalb versuchen wir den wenig freundlichen Zeitgenossen zu finden, bevor es zu spät ist. Herr Otto, denken Sie einmal scharf nach. Ist Ihnen am Freitag, kurz vor Büroschluß, irgend etwas Ungewöhnliches in Ihrem Zimmer aufgefallen?“

Otto überlegte. Martin fuhr fort:

„Haben Sie zum Beispiel jemand dabei ertappen können, wie er zu Bühler hineinsah und die Tür leise wieder schloß?“

„Nein. Nun sitze ich aber auch mit dem Rücken zur Tür. Wenn ich mich bei jedem Geräusch umdrehen wollte, dann würde ich wie ein Kreisel rotieren.“

„Man sagte mir, Sie seien sehr musikalisch, Herr Otto ...“

Ludwig-Franz Otto betrachtete Martin wie eine seltsame Kuriosität. Oder wie jemanden, der behauptete auf dem Mond gäb's Eis am Stiel. Dann hielt er den Kopf ein bißchen schief und brummte:
„Der Ihnen das erzählt hat, war ein Schwindler Ersten Grades. Ich bin musikalisch wie ein Regenschirm . . ."

Es war vier Minuten vor zwölf Uhr mittags, als der Detektiv die vierte und letzte Adresse erreichte. Klosterallee 12. Ein sechsstöckiger Wohnblock.
Bernd Martin entdeckte den gesuchten Namen im 2. Stockwerk. Da die Haustür nur angelehnt war, stieg er ohne Aufenthalt zur 2. Etage hinauf.
Er klingelte.
Von innen rief eine Stimme: „Komm herein, die Tür ist nicht abgeschlossen!"
Bernd Martin beschloß, der Aufforderung Folge zu leisten, obgleich er wußte, daß sie nicht ihm galt. Als er die Tür hinter sich zugeklinkt hatte, rief es aus einem Nebenzimmer erneut:
„Ich bin gleich so weit Fred. In der Küche steht Cola . . .!"
Martin klärte das Mißverständnis auf, in dem er zurückrief:
„Das trinke ich zwar auch ganz gern, doch heiße ich weder Fred noch scheine ich derjenige zu sein, den Sie erwartet haben."
Der Detektiv hatte den Satz noch gar nicht ganz zu Ende gesprochen, als eine Tür aufflog und ein Mann

in den Korridor trat. In seinen Augen blitzte es mißtrauisch.

„Verzeihung, ich dachte, es sei mein Neffe."

Martin verbeugte sich kurz.

„Wenn sich einer zu entschuldigen hat, dann wohl ich ... Herr Maier?"

„Ja."

„Mein Name ist Martin, ich bin Detektiv und hätte Sie gern in einer dringenden Angelegenheit gesprochen. Es handelt sich um Ihren Kollegen Bühler."

Peter Maier nickte kurz und machte eine einladende Handbewegung:

„Bitte, gehen wir hier hinein ..."

Es war eine Art kombiniertes Herrenzimmer mit einer Menge gepolsterter Sitzgelegenheiten.

„Was ist mit Bühler?" fragte Maier neugierig.

„Jemand versucht ihn zu erpressen, Herr Maier. Ich dachte, daß Sie mir vielleicht einen Tip geben könnten."

Der Angesprochene klopfte sich mit der flachen Hand vor die Brust und rief:

„Ich bitte Sie, Herr Martin, sehe ich aus, als würde ich in Erpresserkreisen verkehren?"

„Ich dachte mit dem Tip mehr an Ihre Kollegen ..."

„Ich wüßte nicht ...", gab Maier achselzuckend zurück, und meinte noch: „Bühler ist doch alles andere als ein Millionär."

„Der Betreffende will auch keine Million, er gibt sich schon mit tausend Mark zufrieden."

„Aber womit will man ihn denn erpressen?"

„Bühler wurde am Freitag von jemandem dabei beobachtet, wie er etwas in seine Tasche packte ... Nach Paragraph 217 ist das wohl verboten."
Peter Maier nickte zustimmend:
„Ja, da ist auch schon mal was vorgefallen ... warten Sie mal ... Ich glaube, der hieß Schreiber ... Er wurde fristlos entlassen. Dabei hatte er nicht wie Bühler eine Rechenmaschine, sondern nur ein kleines Diktiergerät ausgeliehen. Ich verstehe nicht, warum Bühler nicht zur Polizei geht?"
„Er will unnötiges Aufsehen vermeiden. Und dieser Weg bleibt ihm immer noch. Ist Ihnen nichts aufgefallen am Freitag, was Licht in das Dunkel bringen könnte?"
Maier überlegte nicht lange:
„Nein ... nichts ..."
„Sind Sie musikalisch, Herr Maier?"
„Ich spiele Mundharmonika und ein bißchen Gitarre. Früher war ich sogar mal in einem Gesangsverein ..."
„Spielen Sie auch Melodica?"
Maier sah amüsiert auf den Detektiv. „Warum fragen Sie das?"
„Es gehört sozusagen zum Fall Bühler!"
„Also, ich spiele nicht Melodica. Haben Sie sonst noch Fragen?"
Der Detektiv wollte gerade „nein" sagen, als es an der Wohnungstür klingelte. Maier erhob sich:
„Das ist bestimmt mein Neffe. Ich esse sonntags bei meiner Schwester, und Fred holt mich immer ab. Aber nicht, weil er so gern in meiner Nähe ist, sondern,

Sie werden es nicht glauben, wegen einem Glas Cola ..." Erneutes Klingeln.
„Und dann ist er sogar noch ungeduldig!" stellte Bernd Martin fest. Auch er hatte sich inzwischen erhoben und reichte Maier zur Verabschiedung die Hand: „Ich danke Ihnen für Ihre Auskünfte ... und Guten Appetit ...!"

Nach dem Besuch bei Herrn Maier legte auch Bernd Martin eine Verschnaufpause in den „Bräustuben" ein. Während er auf den bestellten Zwiebelrostbraten wartete, ließ er noch einmal die Vier aus Bühlers Nebenzimmer Revue passieren.
Vier Männer, vier Aussagen, die gar nichts besagten.
Und doch war der Detektiv zufrieden.
So gut wie heute hatte ihm lange kein Zwiebelrostbraten mehr geschmeckt.
Punkt 14 Uhr machte er sich auf den Weg zu Eberhard Bühler.

„Gott sei Dank, daß Sie da sind. Ich habe schon zigmal versucht, Sie telefonisch zu erreichen, Herr Martin!"
Bühlers Aufregung war so groß, daß seine Stimme fast überschlug.
„Was ist denn passiert?" erkundigte sich der Detektiv.
„Das mit der Melodica, das hat mir keine Ruhe gelassen. Irgendwo in meinem Kopf gab es da eine Erinnerung ... Und dann fiel es mir plötzlich ein ... Hier!!" Er streckte Bernd Martin etwas entgegen.

„Ein Foto?“ Der Detektiv nahm es ihm aus der Hand.

Bühler erklärte:

„Von einem Ausflug unserer Buchhaltung vor vier Jahren. Erkennen Sie den Mann mit der Melodica?“

Bühlers Augen glänzten wie im Fieber, als er das Foto zurücknahm. Doch dann fiel er vor Überraschung fast vom Stuhl, als Bernd Martin lakonisch erklärte:

„Es ist derselbe Mann, den auch ich als Täter überführt habe ...“

„Sie ... Sie haben ... ich meine, Sie wußten schon ...“ Bühlers Kinnlade klappte nach unten. Plötzlich kam wieder Leben in ihn. „Und was machen wir jetzt, Herr Martin?“

Der Detektiv lächelte.

„Jetzt warten wir bis heute abend und dann machen wir zusammen einen Besuch bei unserem gemeinsamen Freund. Vielleicht führt ihn ein aufklärendes Gespräch wieder auf den Pfad der Tugend zurück ... Wir werden ihm klarmachen, daß Erpressung ein unfeines und gefährliches Geschäft ist. Und jetzt, Herr Bühler, kochen Sie uns mal einen ordentlichen Kaffee ...“

Der Detektiv Bernd Martin suchte vier Männer auf. Einen der vier konnte er als Urheber des Erpressungsversuches überführen. Welcher war es? Wer hatte den Anruf bei Eberhard Bühler veranlaßt?

nr. 2 Der anonyme Brief

Es ist Samstag, früh 4 Uhr 15.
Noch liegt das Halbdunkel der Morgendämmerung über Bernhausen. In einem Vierfamilienhaus in der Barner Heide, am Rande der Stadt, öffnet sich geräuschlos eine Wohnungstür ... Ein Mann im Bademantel schiebt sich vorsichtig ins Treppenhaus. Er hält einen Brief in der Hand. Wenig später steht er vor den vier Briefkästen neben der Eingangstür. Es klingt dumpf und blechern, als der Umschlag in einem Kasten zu Boden fällt.
Der Empfänger, Paul Möllers, 35 Jahre alt, Pianist, Komponist und Arrangeur lauscht zu diesem Zeitpunkt noch ahnungslos an seinem Kopfkissen.
Doch als es 10 Uhr schlägt, hat er den Brief gelesen und greift zum Telefon.
„Mahler!" meldet sich eine männliche Stimme am anderen Ende des Drahtes.
„Guten Morgen, Hans. Hier ist Paul. Eine Frage: Was hast du heute vor?"
Ein wenig Verwunderung schwingt in der Stimme des Angerufenen mit, als er antwortet:
„Um zwei gehe ich ins Krankenhaus, Marion besuchen. Anschließend reise ich nach Würzburg zu einem Kongreß."
Paul Möllers ist ehrlich erschrocken:
„Marion ...? Seit wann liegt sie denn im Krankenhaus?"

„Seit vorgestern abend. Man mußte ihr ganz schnell den Blinddarm herausmontieren. Was hast du denn auf dem Herzen?"
„Ich wollte dich nur mal um Rat fragen . . ."
„Wenn du mir versprichst, mich nicht mit deiner neuesten Jazz-Symphonie vertraut zu machen, komme ich vor dem Krankenhaus vorbei."
Paul Möllers grinst, als er erwidert:
„Alter Kunstbanause. Dabei ist mir der Allegro-Satz so gut gelungen. Also wann?"
„Ich bin gegen 1 Uhr bei dir, einverstanden?"
„Einverstanden, Hans!"

Rechtsanwalt Dr. Hans Mahler kommt genau fünf Minuten vor 1 Uhr.
„Setz dich, schenk dir ein und hör mir zu. Anschließend sag mir, was du denkst . . . Ich stehe also gegen 9 Uhr auf, trinke Kaffee, überlege, ob ich arbeiten oder weiterschlafen soll, und entschließe mich dann, erst mal nach der Post zu sehen. In meinem Briefkasten befanden sich eine Zeitung, die ich sowieso nicht lese, ein Brief meiner Plattenfirma, eine Karte von Irina aus Portugal und ein Brief ohne Briefmarke und Absender."
Mahler nickt: „Ein anonymer Wisch also."
„Wisch hin – Wisch her. Mich stört der Inhalt jedenfalls. Klapp deine Hörgeräte auf und höre, was mir das Kerlchen schreibt."
Paul Möllers fischt nach einem Stück Papier und beginnt zu lesen:

„Werter Herr!
Es paßt uns nicht, daß Sie ständig langhaarige Burschen in Ihrer Wohnung empfangen. Es paßt uns auch nicht, daß Sie wie ein Bettelmönch herumlaufen, und daß die Nachbarschaft in Ihnen einen Kinderschreck übelster Sorte sieht. Daß Sie Ihr fürchterliches Auto-Fossil vor dem Haus parken, finden wir ebenfalls geschmacklos. Doch all das berührt uns nur nebenher. Was wir Ihnen hiermit auf das Entschiedenste untersagen, ist, daß Sie bei jedem Schlager, jedem Jazz und sonstigem Geheul Ihren Fernsehapparat auf Hochtouren stellen.
Wir warnen Sie davor, es weiterhin zu tun!"
Der Komponist sieht seinen Freund an: „Ha, was sagst du jetzt?"
Dr. Mahler zuckt mit den Schultern. Man merkt es seinem Gesicht an, daß er den Brief mehr von der heiteren Seite betrachtet. Und das sagt er dann auch: „Natürlich eine Unverschämtheit, Paul. Aber kein Grund sich aufzuregen. Lach drüber! Es ist das beste! Wie kommst du eigentlich darauf, daß es ein männlicher Briefschreiber ist?"
„Nur ein Mann haut so auf die Tasten einer Schreibmaschine, daß aus jedem ‚o' ein Loch wird ..." Und dann sinniert er: „Wäre der Betreffende vor mich hingetreten um mir all die phantasievollen Worte ins Gesicht zu sagen, hätte ich wenigstens den Zerknirschten spielen können. So aber bin ich nur wütend ... Richtig ekelhaft wütend."
„Was meint er denn mit den ‚langhaarigen Burschen'?"
„Vorige Woche hatte ich Besuch von den ‚Lovelys'.

Es ist eine Band, für die ich schon eine Menge Arrangements geschrieben habe. Ihre auffälligsten Merkmale außer ihrer Musikalität sind die wallenden Mähnen."

Mahlers Zeigefinger deutete in Möllers Richtung:

„Und der Bettelmönch bezieht sich wahrscheinlich auf deine hübsche Kutte!?"

„Es gibt nichts Bequemeres ... Was mich am meisten ärgert, ist die Sache mit dem Fernsehapparat. Er läuft nicht lauter als die anderen. Du solltest mal hören, wenn die drei ihre Krimis hören. Da könnte ich nicht mal mit Watte in den Ohren schlafen."

„Was sind das denn für Hausgenossen?"

Der Musikus verzieht fast schmerzhaft das Gesicht.

„Alles Beamte. Gegenüber wohnt ein gewisser Alfred Kramer. Von seiner Frau weiß ich, daß er Stadtinspektor ist ... Klein, hager, mit dem Drang zum Dramatischen. Rund hundert Haare. Siebzig nach rechts, der Rest nach links gescheitelt. Putzt regelmäßig am Freitagabend ab 18 Uhr sein Auto. Man kann die Uhr danach stellen. Erzählte mir neulich den Fall einer sogenannten Fahrerflucht. Am Ende hatte ich das Gefühl, er habe mir von einem Raubüberfall berichtet. Dabei hat bestimmt nur eine Amsel ihren Schnabel an seinem hinteren rechten Kotflügel gewetzt."

Paul Möllers hat sich in Fahrt geredet, und sein Besucher hört amüsiert und grinsend zu.

„Unter mir wohnt Fridolin Saxe, Steuersekretär. Wenn du seine Fenster ansiehst, weißt du alles: Er ist Blumenzüchter ... oder besser, Blumen- und Pflanzenzüchter. Voriges Jahr bat er mich eine Truhe in

seiner Wohnung umzusetzen. Ich kam mir vor wie Tarzan im Urwald. Von allen Ecken und Enden sprießt es grün. Vor einigen Wochen mußte sich der Herr Steuersekretär sogar ärztlicher Behandlung unterziehen, weil er sich aus Versehen auf einen Kaktus gesetzt hatte."

Hans Mahler lacht laut. Dann erkundigt er sich:

„Und der dritte ist auch Beamter?"

„Ja, Versicherungsbeamter. Bindermann heißt er. Ich weiß eigentlich herzlich wenig von ihm. Er soll seit einigen Jahren Witwer sein. Hat kein Auto, fährt begeistert Rad."

„Und welcher ist der älteste?"

Möllers zuckt mit den Schultern:

„Keine Ahnung. Sie sind durchweg zwischen fünfzig und sechzig."

Mahler scheint einen Augenblick lang nachzudenken. Dann empfiehlt er:

„Du wolltest doch einen Rat von mir. Also! Wenn man es genau nimmt, gibt es nur eine Möglichkeit. Du mußt allen einen Besuch abstatten ... Vielleicht gibt der Briefschreiber seine Tat zu, wenn er dich plötzlich vor sich sieht, und du kannst ihm dann ordentlich deine Meinung unters Hemd putzen."

„Und wenn es keiner zugibt?"

„Bleibt immer noch die Möglichkeit, daß du es trotzdem herausfindest. Besondere Höflichkeit oder besondere Nervosität sind nicht zu unterschätzende Hinweise."

„Ja ... Ja, vielleicht hast du recht. Ich werde mich heute nachmittag allen in meiner vollen Größe zeigen."

Punkt 3 Uhr beginnt Paul Möllers das Unternehmen „Nachforschung“ an der Tür gegenüber. Frau Kramer öffnet.

Im Hintergrund hört man die Geräusche eines laufenden Fernsehapparates.

„Bitte, Herr Möllers, treten Sie doch ein!“ sagt Liesl Kramer überrascht, aber nicht unfreundlich. Und um einiges lauter ruft sie nach hinten: „Alfred, hier ist Herr Möllers. Er möchte dich gern sprechen.“

Der Fernseher verstummt, und Alfred Kramer erscheint im Korridor. Er trägt dicke Filzpantoffeln und breite schwarz-rot-gestreifte Hosenträger auf einem blütenweißen Hemd. Und er macht eine einladende Handbewegung:

„Bitte, Herr Möllers, kommen Sie nur herein!“

Während Paul Möllers die „gute Stube“ betritt, will Frau Kramer die Tür hinter ihm schließen. Doch Möllers meint: „Es wäre mir recht, wenn Sie auch dabei sein könnten, Frau Kramer.“

Sie nickt. Und mit einer Mischung aus Verlegenheit und Neugier setzt sie sich auf die vorderste Kante eines Sessels.

„Es handelt sich um den Brief!“ beginnt der Komponist.

„Um den Brief ...?“ Frau Kramers Augen sind groß, rund und fragend.

„Um welchen Brief?“ fragt auch Alfred Kramer.

Möllers holt den Umschlag aus der Tasche.

„Um diesen hier. Er steckte heute morgen in meinem Briefkasten. Ohne Absender und ohne Briefmarke ... Sozusagen anonym.“

Frau Kramers Augen sind plötzlich noch runder, noch größer, während Alfreds Kinnlade nach unten geklappt ist.

„Was haben – haben wir damit zu tun?“ bringt er endlich mühsam heraus.

„Vielleicht nichts. Aber das versuche ich eben herauszufinden. Es interessiert mich, wer der Schreiber dieser wenig liebenswürdigen Zeilen ist.“

Alfred streckt den Kopf wie ein kämpfender Hahn nach vorn und versucht seinem dünnen Stimmchen Format zu geben:

„Da sind Sie bei uns aber an der falschen Adresse.“ Und dann setzt er noch ein drohendes „Ha!!“ dahinter.

Frau Kramer dagegen hat den ersten Schrecken abgelegt. Interessiert beugt sie sich ihrem Nachbarn entgegen.

„Was steht denn in dem Brief drin?“

„Liesl!!“ ruft da Alfred, und die Entrüstung glitzert in seinen kleinen Stecknadelaugen. „Sei gefälligst nicht so neugierig.“

„Es ist nichts Geheimnisvolles. Zum Beispiel beschwert sich der Briefschreiber über meine Besucher. Er nimmt Anstoß an meiner Arbeitskleidung . . .“

„Nun ja, Ihre Kutte ist ja nicht gerade ein Ausstellungsstück!“ wirft Herr Kramer ein.

Doch Möllers korrigiert:

„Aber bequem, Herr Kramer, äußerst bequem. Sie sollten es mal probieren.“

Wieder richtet sich Kramer im Sitzen auf und streckt die Brust heraus.

„Ich bin Beamter, Herr Möllers!“
„Was hat die Kutte damit zu tun? Sie sollen das Ding ja nicht in Ihren Bürostunden tragen ... Zum Beispiel zum Autoputzen am Freitag ab 18 Uhr ...“
Möllers lächelt, Frau Kramer kichert und ... Herr Kramer findet das gar nicht lustig:
„Stört Sie das?“
Der Komponist schüttelt lebhaft den Kopf und das Lächeln um seine Lippen verstärkt sich.
„Ganz im Gegenteil. Ich stelle immer meine Küchenuhr danach.“
Das Kichern von links und der Zorn von rechts nehmen zu.
„Ich möchte wissen, was es da so albern zu lachen gibt, Liesl. Pünktlichkeit ist schließlich kein Laster.“
„Wahr gesprochen. Aber ich möchte gern meine Frage von vorhin aufgreifen, Herr Kramer. Was stört Sie an mir?“
„Hm ... Ist diese Frage ehrlich gemeint?“
„Aber Alfred!“
„Sie ist ehrlich gemeint!“
„Dann will ich Sie auch beantworten: Mich stört, daß Sie gelegentlich recht lange Klavier spielen.“
Möllers nickt: „Das kommt höchstens vor, wenn ich mitten im Komponieren bin ... Leider habe ich immer abends die besten Einfälle. Und was stört Sie noch?“
„Nichts!“
„Und Sie, Frau Kramer?“
Liesl Kramer wirft ihrem Mann einen raschen und mißbilligenden Blick zu, bevor sie antwortet:
„Mich stört gar nichts. Nicht mal Ihr Klavierspiel!“

„Da habens Sie's . . .", muffelt Kramer. „Immer in Opposition! Eine Frage noch, Herr Nachbar . . ."
„Bitte?"
„Wann kaufen Sie sich eigentlich mal ein neues Auto? Sie müssen doch bald durch den Rost fallen . . ."
Paul Möllers erhebt sich.
„An dem Tag, wo ich durch den Rost falle, an dem Tag kaufe ich mir ein neues Auto!"

Herr Bindermann, der Mann von links unten, blickt grimmig wie eh und je.
Als Möllers ihm dann gegenübersitzt, fragt er mürrisch: „Also, was wollten Sie mich fragen?"
Möllers streckt ihm den Brief entgegen.
„Hier, dieser Brief steckte heute morgen in meinem Briefkasten."
August Bindermann nimmt den Brief und legt ihn auf den Tisch, ohne ihn anzuschauen.
„Und Sie glauben, daß das mich interessiert?"
„Es ist ein anonymer Brief, in dem sich ein Bewohner dieses Hauses über mich beschwert."
„Wundert mich überhaupt nicht!" gibt Bindermann ungerührt zurück und zündet sich eine Zigarre an.
„Wie meinen sie das?"
„Ich finde, daß Sie sich nicht gerade harmonisch in die Hausgemeinschaft fügen . . ."
„So, finden Sie . . ."
Bindermann unterstreicht seine Meinung durch ein heftiges Kopfneigen. Und nach zwei, drei heftigen Paffern an der Zigarre fügt er hinzu:

„Man fällt jedesmal fast aus dem Bett, wenn Sie Ihr Schrottmobil in Bewegung setzen. Haben Sie schon mal die Phonzahl messen lassen?"

„Nein ... wieviel schätzen Sie?"

„Mindestens 120 ... Und das ist lange gesundheitsschädlich."

Paul Möllers tut zerknirscht:

„Dann hören Sie sicher auch meinen Fernsehapparat!?"

Der Gefragte runzelt die Augenbrauen.

„Ihren?? Bisher glaubte ich immer, es sei der von Kramers ... Aber bitte, wenn Sie meinen."

„Was halten Sie eigentlich von Bettelmönchen, Herr Bindermann?"

„Was soll diese Frage? Sind Sie einer?"

„Ich meine wegen der Kutte, die ich trage."

Bindermann schüttelt den Kopf.

„Von mir aus können Sie herumlaufen, wie Sie wollen. Wenn Sie sich nur ein leiseres Auto zulegen ..."

„Sie haben also keine Ahnung, was in diesem anonymen Brief steht?"

Um Bindermanns Lippen huscht ein flüchtiges Lächeln. „Wenn ich das wüßte, müßte ich ihn ja geschrieben haben. Und das halte ich für ausgeschlossen. Eher fällt der schiefe Turm von Pisa um. Zufrieden?"

„Mir bleibt ja nichts weiter übrig."

„Versuchen Sie es doch mal bei den beiden anderen Mietern. Vielleicht haben Sie da mehr Glück ..."

„Oh, der Musikus!“ ruft Fridolin Saxe.
„Hätten Sie ein paar Minuten Zeit für mich, Herr Saxe?“
Fridolin macht eine weitausholende Armbewegung:
„Bitte, mein Haus ist auch Ihr Haus. Das heißt, wenn Sie sich nicht am Geruch stören ...“
Möllers tritt schnuppernd ein. Dann sagt er:
„Scharf gebackene Eier.“
Saxe nickt. „Nicht schlecht geschnuppert. Ich habe tatsächlich zum x-ten Male versucht ein Eieromelett zu schaffen. Leider hat es mir die eine Seite übelgenommen.“
„Schwarz?“
„Kohlrabenschwarz!“
„Sie sollten diese Spezialitäten eben doch Ihrer Frau überlassen.“
Saxe hebt bedauernd die Schultern:
„Würde ich ja gern. Aber ich bin für zwei Tage Strohwitwer. Nun ja, eines Tages wird es mir schon noch gelingen. Dann esse ich es aber nicht, sondern ich stelle es in meinen Trophäenschrank. Herr Möllers, was kann ich für Sie tun? Einen Kognak?“
„Danke, nein. Ich mache zur Zeit eine Entwöhnungskur.“
„Dann trinke ich für Sie mit!“
„Ich habe einen Brief bekommen, in dem man sich über mich beschwert, und über den ich ziemlich erbost bin.“
„Dann sollten Sie doch einen Kognak trinken!“ empfiehlt Herr Saxe trocken.
„Nein, danke!“ Möllers sucht nach dem Brief. Und

da er nicht in der einzigen Tasche der Kutte steckt, gibt es nur eine Möglichkeit: Er hat ihn bei Bindermann liegenlassen. „Zu blöd, jetzt habe ich den Brief bei Herrn Bindermann liegenlassen."
„Was steht denn in dem anonymen Brief drin?"
„Ich hätte meinen Fernsehapparat immer sehr laut laufen."
„Haben Sie das denn?"
„Nicht lauter als andere auch. Zum Beispiel Ihrer. Eine Frage: Angenommen, ich würde sagen, ich habe *Sie* in Verdacht, Herr Saxe. Was würden Sie dann antworten?"
Fridolin Saxe scheint einen Augenblick scharf nachzudenken. Dann erwidert er mit einem treuherzigen Augenaufschlag:
„Vor fünzig Jahren hätte ich gesagt, ein Beamter schreibt keine anonymen Briefe. Heute aber muß ich gegenfragen: Wie kommen Sie auf einen solchen Verdacht?"
„Es könnte sein, daß Ihnen mein Auto nicht gefällt!"
„Es gefällt mir überhaupt nicht."
„Es könnte ferner sein, daß Ihnen meine langhaarigen Besucher nicht gefallen."
„Langhaarige gefallen mir grundsätzlich nicht."
„Oder daß Sie Anstoß an meiner Kutte nehmen."
„Ehrlich, es ist ein schauerliches Kleidungsstück ..."
Möllers nickt: „Sehen Sie, niemand würde sich besser für den anonymen Briefschreiber eignen als Sie."
Fridolin Saxe erhebt sich.
„Einen Augenblick, ich hole nur zwei Gabeln aus der Küche ..."

„Und wozu?“

„Na, zum Duell … Ich muß doch meine Beamtenehre verteidigen.“

Möllers erhebt sich ebenfalls.

„Lassen Sie mal, ich werd' noch einmal in aller Ruhe über alles nachdenken. Vielleicht sind Sie es doch nicht gewesen …“

Und dann verläßt der Komponist die Saxesche Wohnung und geht nachdenklich nach oben.

Während er sich Schreibzeug zurechtlegt, läßt er noch einmal seine drei Besuche Revue passieren. Und als er sicher ist, den anonymen Briefschreiber gefunden zu haben, beginnt er …

Werter Herr!

Ich finde, Sie sind ein ganz mieser … usw.

Nun, an wen schreibt Paul Möllers? Wer war der anonyme Briefschreiber?

nr. 3 Die Königin der Taschendiebe

Man kannte sie unter den Spitznamen „Die fromme Helene“ ebensogut wie unter „St. Helena“ und „Helenchen“.

Ihr bürgerlicher Name dagegen war schlicht und einfach: Lena Zörrgiebel. Sie galt als Königin unter den Taschendieben. Nur einmal bisher wurde sie auf frischer Tat ertappt, und das war, als sie ausgerechnet einem Spezialisten aus dem Polizeipräsidium die Brieftasche zog.

Besonders einer Fähigkeit verdankte Lena Zörrgiebel ihren Erfolg: Sie war eine Meisterin auf dem Gebiet der Verkleidung.

Ob als einfacher Mann mit Drehorgel, ob als „reiche Lady“, als Priester oder Briefträger; immer war ihre Maske vollkommen, daß niemand hinter ihr Lena, die Meisterdiebin vermutete.

So kam der 27. September heran. Ein Tag, den die Königin der Taschendiebe nicht so schnell vergessen wird.

Seit einer Woche hatte Lena ihr Jagdrevier auf den Hauptbahnhof verlegt. Da die letzten vier Tage sehr erfolg- und ertragreich waren, beschloß sie, nur noch den 27. auf dem Bahnhof zu verbringen.

Sie ahnte nicht, daß durch ihre Diebereien veranlaßt, Polizei und Bundesbahn für den 27. „Großalarm“ gegeben hatten. Das hieß, daß zehn Bahnpolizisten sowie

BANK
SPEISEN SIE GERN?
... dann im Bahnhof!
MÄNNER
FRAUEN
AUF WIEDER-SEHEN.
ALLES MIT BAHN

vierzehn Beamte und Beamtinnen in Zivil auf dem Sprung waren, um dem geheimnisvollen Taschendieb das Handwerk zu legen.

Lena Zörrgiebel hatte für den Vormittag die Maske eines bayerischen Landmannes gewählt. Von der ledernen Kniehose bis zum Gamsbart auf dem Hut, vom Knotenstock bis zum Vollbart im Gesicht und einer gebogenen Tabakspfeife war alles vorhanden.

Und dann geschah es:

Sie hatte gerade bei einem „aus Versehen" verschuldeten Zusammenstoß mit einem feingeschniegelten Reisenden eine dicke Brieftasche erbeutet, als sie plötzlich spürte, wie sich ein Augenpaar förmlich in ihrem Rükken festzubohren schien. Sie wandte sich um und stand einem unauffällig gekleideten Mann im grauen Anzug gegenüber. So, als sei nichts geschehen, ging sie an ihm vorbei. Aber sie wußte, daß ihr der Mann folgte.

Und dann beging Lena Zörrgiebel ihren größten Fehler.

Um den vermeintlichen Augenzeugen abzuschütteln, schlug sie einen Weg ein, der bei ihrem Verfolger die letzten Zweifel ausräumte.

Sechs Minuten später schlossen sich die unmelodisch klappernden Handschellen um ihre Handgelenke.

Welchen Fehler beging die Königin der Taschendiebe? Es ist ein sehr menschlicher Fehler, wie ihr feststellen könnt, wenn ihr euch die Zeichnung genau betrachtet.

nr. 4 Die Geister lassen bitten

Früher war Schloß Duncart in der Grafschaft Sussex nur ein Schloß. Dann kam die Hotel-Ringgesellschaft und machte aus dem Schloß ein feudales Schloß-Hotel.

Am 1. Juni sollte die Eröffnung sein.

Sir John Danbrugh, der zum Direktor berufen wurde, verfügte außer altem Adel auch über Einfälle. Und so engagierte er drei junge Leute, die Nacht für Nacht zwischen Mitternacht und ein Uhr die Funktion von Schloßgeistern ausüben sollten.

Da schlüpfte die Studentin Kathrin McKelly in das Gewand der vor 241 Jahren verstorbenen Lady Melinda Cattoway, Pieter Rauls verwandelte sich in den Grafen York und Robert Forster übernahm die Rolle des Geistes vom Earl of Leeds.

So gerüstet konnte die Saison beginnen.

Und sie begann.

Neun Tage lang erfreuten die drei kostümierten Geister in sicherer Entfernung die behaglich erschauernden Gäste. Niemand nahm die Sache allzu ernst.

Bis zur 10. Nacht.

Da nämlich wurde der gesamte Schmuck der Mary Woodmaker gestohlen. Und zwar gegen 0 Uhr 50, als sie sich selbst noch draußen auf dem Gang mit einer Landsmännin aus Chikago über Geister unterhielt.

Wutentbrannt stürmte die Lady in die Direktionsräume, wo Sir John noch zu später Stunde über Ab-

rechnungen saß. Bevor er auch nur einen Ton von sich geben konnte, vergingen fast zehn Minuten. In diesen erfuhr er außer einer langen Reihe unwichtiger Nebensächlichkeiten auch, daß die Lady einen der Geister für den Dieb hielt.

Danbrugh bat sie im Nebenzimmer zu warten. Dann ergriff er das Telefon:

„Oliver!" meldete sich die Stimme des Chefportiers.

„Kommen Sie sofort in mein Büro und bringen Sie die Geister mit!" befahl Sir John und wartete.

Es dauerte genau eine Viertelstunde, bis sich vier Menschen ins Zimmer schoben.

Auf allen Gesichtern stand deutlich Neugier und Überraschung.

„Was ist geschehen, Sir?" fragte Oliver.

„Wir haben einen Dieb im Haus, Oliver. Und er hat bereits zugeschlagen."

„Teufel!!" entfuhr es dem Chefportier. „Hat sie den Täter wenigstens erkannt?"

Sir John deutete auf die Geister.

„Missis Woodmaker ist überzeugt, daß es einer unserer Nachtarbeiter ist."

Pieter Rauls hatte sich als erster vom Schrecken erholt. Er machte einen raschen Schritt nach vorn.

„Ich verlange, daß sofort die Polizei hinzugezogen wird!"

Danbrugh versuchte zu beschwichtigen:

„Es wäre mir lieb, wenn wir die Angelegenheit ohne Aufsehen klären könnten ... Oliver, Sie hatten doch Dienst. Ist Ihnen nichts aufgefallen?"

Der Portier schüttelte den Kopf.

„Nein ... Mister Forster war als erster am Eingang ...“

„Was soll das heißen?“ rief Forster wütend. „Ich habe eben den kürzesten Weg zu Ihnen!“

Kathrin McKelly hob die Hand wie eine Schülerin, die etwas zu sagen hatte:

„Glauben Sie nicht, Sir John, daß auch ein anderer der Dieb sein könnte? Warum ausgerechnet einer von uns? Vielleicht hat sich die Lady getäuscht ...“

John Danbrugh blieb eine ganze Weile schweigsam. Nur seine Augen wanderten. Und ganz plötzlich trat ein eigenartiger Ausdruck in seine Augen. Eine Mischung aus Unglauben und Schrecken ... Dann sah er Kathrin McKelly ernst an:

„Sie haben recht, Miß Kathrin ... Es war keiner von Ihnen ... es war einer von uns. Oliver, wo haben Sie den Schmuck versteckt?“

Der Chefportier knickte vor Schreck ein, während seine Gesichtsfarbe ins grüngelbe überwechselte.

„Wieso .. ich, Sir?“ stotterte er heiser ... „Wie kommen Sie ausgerechnet auf mich?“

„Sie haben sich selbst verraten. Und ich glaube, daß Sie eine Menge Zeit haben werden, darüber nachzudenken ... Also – her mit dem Schmuck!“

Mit hängenden Schultern und zitternden Händen fischte James Oliver einen kleinen Beutel aus seiner Gesäßtasche. Dann verließ er bleich und wankend das Zimmer ...

„Welchen Fehler hat er denn gemacht, Sir John?“ erkundigte sich Kathrin leise.

Und Sir John nickte: „Das werde ich Ihnen gleich verraten. Ich will Missis Woodmaker nur rasch den Schmuck zurückgeben ...“

Ein ausgesprochen leichter Fall – oder? Wann und wieso hat sich der Chefportier Oliver verplappert?

nr. 5 Der Inselschreck

Seit Tagen fahren die Bewohner und Besucher der winzigen Insel Beltrum Nacht für Nacht in ihren Betten hoch.
Es ist weder das gischtig auflaufende Wasser bei Einsetzen der Flut, noch sind es die Donnerschläge eines Gewitters, die sie zusammenschrecken lassen. Nein, es handelt sich um furchtbare Heulgeräusche, die ihnen die Nachtruhe rauben.
47 Einwohner und 21 Sommergäste hat Beltrum zum Zeitpunkt dieser Geschichte. Doch ganz gleich ob Insulaner oder Feriengast, alle haben den gleichen Gesprächsstoff: das sirenenähnliche Heulen. Die einen behaupten, es sei eine Naturerscheinung, die anderen meinen, es sei der Wind, der sich an einem hohlen Gegenstand auf der Insel bricht.
Doch da in den letzten Nächten Windstille herrschte, scheidet diese Theorie aus.
Nur ganz wenige sind der Meinung, daß das Heulen einem Scherzvogel zu verdanken sei, der dieses durch Mark und Bein gehende Geräusch mittels irgendwelcher Silvesterraketen zustande bringt.
Einmal jaulte es in der ehemaligen Werft, dann wieder hinter der Kirche. Das dritte Mal kommt das Geräusch vom Fuß des Leuchtturms.
Ein junger Kaufmann aus Lüneburg, Hiller ist sein Name, ein Buchdrucker aus Hamburg mit Namen Seidel, der ehemalige Kapitän Christensen, Herr

Harmsen, der Lehrer von Beltrum, sowie der Bürgermeister der Liliputgemeinde, Herr Jensen, der auch den Vorsitz übernimmt, tun sich zu einer Art Untersuchungsausschuß zusammen. Sie sind sicher, daß der Inselschreck zwei Beine und einen Kopf hat. Und sie beschließen, alle Maßnahmen geheimzuhalten.

Der sogenannte „Untersuchungsausschuß" lost täglich zwei Personen aus, die sich an einer der drei Stellen zwischen Mitternacht und 3 Uhr auf die Lauer legen, um dem Inselschreck auf die Schliche zu kommen.

In der 1. Nacht sind es Jensen und Seidel, die in der ehemaligen Bootswerft Posten beziehen. Umsonst! 1 Uhr 15 heult es am Leuchtturm.

In der 2. Nacht verstecken sich Harmsen und Christensen am Leuchtturm. Um 2 Uhr 30 heult es hinter der Kirche.

In der 3. Nacht beziehen Hiller und Jensen in der Nähe der Kirche Quartier. Um 3 Uhr 10 heult es wiederum am Leuchtturm.

In der 4. Nacht wachen Harmsen und Seidel ebenfalls am Leuchtturm. Das Heulen jedoch findet Punkt 2 Uhr in der alten Werft statt.

In der 5. Nacht heult es hinter der Kirche, und zwar 3 Uhr 15. Dienst haben Christensen und Hiller.

In der 6. Nacht postieren sich Seidel und Harmsen an der Kirche. Es heult 20 Minuten nach Mitternacht am Leuchtturm.

In der 7. Nacht – Einwohner und Badegäste haben sich fast an das Geräusch gewöhnt – stehen Hiller und Christensen Wache hinter der Werft. 3 Uhr 5 heult es wiederum hinter der Kirche.

In der 8. Nacht werden Jensen und Seidel ausgelost. Man beratschlagt auch über den Ort und einigt sich auf den Leuchtturm. Genau um Mitternacht heult es hinter der Kirche ...

Noch vor der Auslosung zur 9. Nacht fällt es Johannes Jensen wie Schuppen von den Augen. Es gibt gar keinen Zweifel: der „Inselschreck“ befindet sich in den eigenen Reihen. Im eigens zu seiner Entlarvung eingerichteten Untersuchungsausschuß!

Wütend zieht der Bürgermeister seinen blauen Anzug an. Er wird es ihm zeigen ... Seine geballte Faust zeigt seine gesammelte Entrüstung!

Wer war der Inselschreck?

nr. 6 Der Gemälderaub

Zwei Uhr zwanzig gelang es den Männern, unerkannt die Galerie mit ihrer Beute zu verlassen.
Doch bereits zwei Uhr dreißig entdeckte der Kontrollbeamte den Diebstahl und alarmierte die Polizei.
Um 3 Uhr waren alle Ausfallstraßen besetzt, ebenso die Bahnhöfe und der Flugplatz.

Und trotzdem: Als der Raub der beiden kostbaren Gemälde in den 4-Uhr-Frühnachrichten zum ersten Male erwähnt wurden, befanden sich die Diebe bereits über einhundert Meilen vom Ort der Tat entfernt. Während Carsten Pasoli immer wieder nach hinten Ausschau hielt, achtete Pierre Auger darauf, daß er nie zu schnell fuhr. Er wußte von einigen Fällen, wo ein erfolgreicher Coup noch zuletzt an einer Verkehrskontrolle gescheitert war. Sein ungeduldiger Komplice allerdings hatte für diese Vorsichtsmaßnahme wenig Verständnis.

„Fahr doch schneller, Pierre!"

„Ich fahre schnell genug!" gab Auger ruhig zurück.

„Jeder lahme Karren überholt uns ..."

Pierre Auger nickte ungerührt und warf erneut einen Blick auf den Tachometer. Und als er wenig später im Rückspiegel einen Lastzug entdeckte, hielt er sich noch mehr nach links und ließ den 12-Tonner vorbeiziehen.

„Wenn du so weiterfährst, kommen wir nie ans Ziel!" schimpfte Pasoli und zündete sich eine Zigarette an. Dann zog er zum wiederholten Male die dicken Decken über die beiden kostbaren Gemälde. Und Pierre scherzte:

„Ich bin überzeugt, daß es im Augenblick im ganzen Land nicht ein einziges Auto gibt, das so wertvoll beladen ist wie wir."

„Und keines, das so schleicht – die kaputten ausgenommen!"

Der Mann am Steuer lächelte:

„Du mußt noch viel lernen, Carsten. Noch sehr viel,

wenn du in diesem Gewerbe vorwärtskommen willst. Ein Bäcker lernt vier Jahre, oder auch drei ... ein guter Dieb lernt nie aus. Und solange du das nicht begriffen hast, wirst du nie ein guter Dieb sein. Kapiert?“

Carsten Pasoli schwieg eine Weile, dann erkundigte er sich anzüglich:

„Warum bist du eigentlich nicht Lehrer geworden? He, sag schon, warum bist du nicht Lehrer geworden?“

Als Auger in diesem Moment in den Rückspiegel sah, zuckte er zusammen: Polizei. Fast wollte er schon den Gashebel durchdrücken. Doch dann siegte die Vernunft. Wenige Minuten später war alles vorbei. Gemeinsam mit drei Beamten traten Pierre Auger und Carsten Pasoli die Rückfahrt an. Diesmal allerdings in einem staatseigenen Gefährt. Die beiden haben nie herausgefunden, welchen Fehler sie gemacht haben.

Wir wissen auch nicht, welcher Fehler ihr Verderben war. Das wollen wir auch nicht wissen.

Unsere Aufgabe lautet: In welchem europäischen Land geschah diese Geschichte?

nr. 7 Die Schmuggel-Story

Liebe Detektive!
Wir konnten schon zweimal die Prüfungsaufgaben der Detektivschule „Argus“ in Little Covenbridge veröffentlichen. Auch diesmal ist es unserem Verbindungsmann in Little Covenbridge nach anfänglichen Schwierigkeiten noch im letzten Augenblick gelungen, die schriftliche Aufgabe für die Aufnahmeprüfung Dezember 1971 zu beschaffen. Hier ist sie: Ihr Titel siehe oben!

Luigi Amati und Enrico Sardo hatten sich für ihre Schmuggeltour eine ganz besondere Methode ausgedacht. Mittags, wenn die Sonne am höchsten stand und die längsten Schatten warf, schoben sie ihr Boot ins Wasser und ließen sich von der Strömung in die Mitte des Sees treiben.
Der See war die Grenze zwischen den beiden Ländern und galt als eines der wenigen Binnengewässer, die nur von unterirdischen Quellen gespeist wurden.
Sobald Amati und Sardo die Mitte erreicht hatten, begannen sie zu angeln. Das taten sie bis zum Einbruch der Dunkelheit. Hin und wieder fingen sie sogar ein paar Seelachse, die sie dann an Ort und Stelle ausnahmen und in einer Kühltasche verstauten.
In dem Augenblick aber, wo der Abend zur Nacht wurde, kam Bewegung in die beiden. Mit schnellen

Ruderschlägen strebten sie dem anderen Ufer zu. Ein Verbindungsmann erwartete sie bereits.

Gemeinsam zogen sie das Boot an Land, drehten es um und befestigten einen wasserdichten Kanister an der Unterseite. Sein Inhalt: 200 Armbanduhren.

So geschah es auch an jenem Freitag im September. Alles verlief reibungslos – wie immer.

Um 0 Uhr 10 begannen sie zurückzurudern. Sie legten einen halben Kilometer nördlich ihres eigentlichen Liegeplatzes an und öffneten den Kanister. Jeder erhielt die Hälfte der geschmuggelten Uhren, also 10 Dutzend.

Fünf Minuten später waren sie in der Dunkelheit verschwunden. Zurück blieben nur zwei Paar Gummistiefel und ein leichter Geruch nach Fisch. Und als eine Zollstreife um Mitternacht das Boot entdeckte, fand sie nichts Auffälliges.

Und doch sollte es für die beiden Schmuggler ein schwarzer Freitag werden.
Sie ahnten nicht, daß zur gleichen Zeit ihres Unternehmens Einbrecher in der Innenstadt einen Juwelierladen ausgeraubt hatten und die Polizei Großrazzien veranstaltete. In eine davon gerieten Luigi Amati und Enrico Sardo in dem Moment, als sie ihr wohl allzueifrig aus dem Wege gehen wollten.
Es wäre nachzutragen, daß sich die Freude der Polizisten und der Ärger der Schmuggler die Waage hielten.

Die Fragestellung, die nun folgt, lautet folgendermaßen: Wie viele echte sachliche Fehler enthält diese Geschichte aus Little Covenbridge?

nr. 8 Der Fall Lagranette

Das Haus Rue Duvalle Nr. 12 gehörte Henry Lagranette. Eigentlich war es gar kein Haus, sondern mehr eine Festung. Ein steinerner Mittelpunkt in einem riesigen Park.

Jedes Fenster besaß schmiedeeiserne Gitter und an den beiden Türen fehlten jegliche Armaturen. Es blieb Lagranettes Geheimnis, wie er sie öffnete.

Der Hausherr selbst lebte allein. Zweimal in der Woche wurden ihm aus einem bekannten Delikatessengeschäft Lebensmittel angeliefert.

Seinen Beruf könnte man eventuell als Gebrauchtwarenhändler bezeichnen. So gehörten ihm doch in Paris nicht weniger als sieben derartige Läden. Dazu kamen noch zwei Antiquitätengeschäfte und ein Kommissionshaus für Schmuck und Münzen.

Henry Lagranette wußte, warum er sein Wohnasyl derartig einbruchsicher bauen ließ. Er war wahrscheinlich der größte, der reichste und der gerissenste Hehler von Paris. Durch seine Hände waren schon Millionenwerte gestohlener Güter gegangen. Aber so sehr sich die Polizei auch bemühte, ihn „auf frischer Tat“ zu ertappen; nie war es ihr gelungen.

Diverse Haussuchungen blieben ergebnislos. Auch gelang es den Kriminalbeamten nie, einen der „schweren Jungs“ in Lagranettes Haus anzutreffen.

Bis zum 23. November 1970.

Es war gegen 17 Uhr, und ein eisiger Wind pfiff durch

die Straßen der Seinestadt, als das Telefon auf dem Schreibtisch von Kommissar Darnier zu rasseln begann.
Ein anonymer Anrufer teilte ihm mit, daß sich der berüchtigte Einbrecher Leon Aladier seit Tagen bei Monsieur Lagranette in der Rue Duvalle versteckt halte.
Der Kommissar handelte sofort. Seit Tagen wurde in ganz Frankreich fieberhaft nach Leon Aladier gefahndet, weil er im Verdacht stand, wertvollen Schmuck aus dem Pariser Luxushotel „Ritz" gestohlen zu haben.
Bereits um 17 Uhr 50 war Lagranettes Grundstück umstellt. Um 17 Uhr 52 klingelte Kommissar Darnier an der eisenbeschlagenen Haustür und antwortete auf die Frage aus dem Lautsprecher, wer denn da sei: „Kriminalpolizei!"
Es dauerte nur zehn Sekunden, dann knackste es, und Darnier trat ein.
Henry Lagranette empfing ihn lächelnd an der Treppe.
„Wann werden Sie endlich begreifen, daß es nie einen ‚Fall Lagranette' geben wird?" waren seine ersten Worte.
„Nie!" gab Darnier zurück.
Dann saßen sie sich in der großen Wohnhalle gegenüber.
„Sie sind natürlich allein im Haus, Monsieur Lagranette?" Der Kommissar stellte diese Betrachtung mit drei Fragezeichen.
Lagranette verbeugte sich leicht im Sitzen:

„Natürlich, Kommissar. Ich bin immer allein. Das sollten Sie doch wissen.“
Und als ihm der Kommissar auffordernd eine Zigarettenschachtel hinhielt, fügte er mit einem ironischen Lächeln hinzu:
„Auch daß ich Nichtraucher bin, wissen Sie doch schon seit drei Ewigkeiten.“
Mit den Worten „ich darf doch“, brannte sich Darnier eine Zigarette an und musterte sein Gegenüber schweigend.
Lagranette schien merklich nervös zu werden. Ungeduldig erkundigte er sich:
„Was wollen Sie denn diesmal von mir?“
„Es rief jemand bei mir an und sagte: ‚Sehen Sie doch mal bei Lagranette vorbei. Bei dem versteckt sich seit Tagen ein gewisser Leon Aladier.‘“
In die Augen des Händlers war ein kalter Glanz getreten. Auch seine Stimme war mit einem Male eisig:
„Gehen Sie jeder Verleumdung nach?“
„Nicht jeder. Nur denen, wo ich denke, es könnte etwas dran sein. So wie hier zum Beispiel . . .“
Lagranette hatte sich erhoben:
„Was soll das heißen?“
„Daß ich nicht glaube, daß Sie allein sind. Gestatten Sie, daß ich Ihr Haus durchsuchen lasse?“
Lagranette drohte wütend mit der Faust.
„Nichts werden Sie.“
„Aber ich bin sicher, daß Sie mich beschwindelt haben.“
„So, wenn Sie sicher sind, dann beschaffen Sie sich einen Durchsuchungsbefehl.“

Kommissar Darnier erhob sich ebenfalls. Lächelnd griff er in die Tasche und reichte dem Hausherrn ein Stück Papier.

„Bitte, hier ist er ... Aber Sie kennen das Formular ja längst ..."

Zähneknirschend sah Henry Lagranette zu, wie sich zwölf Beamte in sein Haus ergossen und nach allen Richtungen ausschwärmten.

Und bereits nach zwanzig Minuten holten sie Leon Aladier aus dem Heizungskeller hervor. Es klirrte leise, als der Kommissar Aladier und Lagranette mit den Handschellen aneinanderfesselte.

Dabei sagte er:

„Daß Sie nicht allein waren, wußte ich bereits, als ich hier in den Raum trat. Das bisherige Glück hat Sie wohl unvorsichtig gemacht, Monsieur Lagranette ..."

Welchen Fehler oder besser, welche Unterlassungssünde wurde Lagranette zum Verhängnis? Um diese Frage zu beantworten, muß man nicht nur den Text aufmerksam lesen, sondern sich auch die Zeichnung genau ansehen.

nr. 9 Die Taube und der Düsenjäger oder Ein Fall für Perry Clifton

Es war Sonntag.
Der Londoner Warenhausdetektiv Perry Clifton saß in seiner Wohnung in Norwood und bastelte an einem alten Wecker herum, als es an der Wohnungstür klingelte.
Perry öffnete.
„Ich bin Missis Dorsing ... Sind Sie Mister Clifton?"
Perry bejahte. Die kleine rundliche Frau mit dem verschmitzten und pfiffigen Gesichtsausdruck kam ihm merkwürdig bekannt vor.
„Ich wohne drüben in der Hertford-Street ..."
Perry Clifton tippte sich vor die Stirn.
„Natürlich, jetzt weiß ich es. Sie wohnen in dem Haus, wo die Wäscherei ist. Bitte, Missis Dorsing, was kann ich für Sie tun?"
Die Dame aus der Hertford-Street beugte sich vor und senkte die Stimme zu einem geheimnisvollen Flüstern:
„Sie sind doch Detektiv ... Ich hätte was mit Ihnen zu besprechen."
Perry machte eine einladende Handbewegung:

„Bitte, treten Sie ein."
„Also", begann sie wenig später, „zuerst wollte ich ja zur Polizei gehen, aber dann sagte mein John, John ist mein Mann, er sagte, daß sie mich auslachen würden ... Und dann meinte er, daß ich zu Ihnen gehen solle ... Ja, und nun bin ich eben da." Letztere Feststellung unterstrich sie mit einem resoluten Kopfnicken.

Perry lächelte und versuchte den treuherzigen Blick, mit dem ihn Missis Dorsing umfangen hielt, zurückzugeben.

„Okay, jetzt sind Sie da und werden mir sicher auch erzählen, was Sie und Mister Dorsing so aufregt."

„Ja!" stimmte die Besucherin lebhaft zu, um im gleichen Augenblick jedoch händeschwingend zu berichtigen: „Meinen John regt das nicht auf. Den regt überhaupt nichts auf, müssen Sie wissen ... Der hat Nerven wie ... wie ... na, eben Nerven." Ihre Augen blitzten und ihre Stimme war etwas lauter geworden, dazu rieb sie sich unentwegt die Hände. „Als ich neulich auf der Straße ausrutschte und hinfiel ... wissen Sie, was da mein John gesagt hat?"

Als Perry ergeben den Kopf schüttelte, klärte ihn Missis Dorsing um noch eine Nuance lauter auf:

„Ruh dich aus, Mary, ich bin gleich wieder da ... Das hat er gesagt, mein John ... Und dann ist er in die nächste Kneipe gegangen, hat ein Bier getrunken ... Ja, und ich mußte allein aufstehen ... So ist mein John ... Lokomotivführer ist er ..."

„Warum ist er denn nicht mitgekommen, Ihr John?" versuchte Perry Clifton den Redefluß der kleinen Frau zu bremsen.

„John? Der hat doch Dienst. Er fährt die Strecke Exeter ... Ja, was wollte ich eigentlich sagen ..." überlegte sie, stützte dabei den Kopf in die Hand und legte die Stirn in dicke Falten.

„Sie wollten meinen Rat, Missis Dorsing!"

Die Frau lachte, streckte die flache Hand in die Luft und rief:

„Das war's!" Dann streckte sie Perry das Gesicht entgegen, senkte die Stimme und begann:
„Stellen Sie sich vor, ich stehe so in der Küche und koche, da gibt es plötzlich einen Knall. Haben Sie den auch gehört?"
„Wann?"
„Heute mittag ..."
„Ja, den habe ich auch gehört. Das war ein Düsenjäger der Königlich Britischen Fliegerei."
Aus Missis Dorsings Knopfaugen schossen Blitze:
„Man sollte diese Burschen an den Haaren aus ihren Maschinen ziehen und einfach fallenlassen. Ich bin so erschrocken, daß mir der Gasanzünder vor Schreck in die Suppe gerutscht ist. Und als ich ihn endlich wieder herausgefischt hatte, sitzt doch eine Taube auf meinem Küchentisch."
Für einen Augenblick glaubte sich Perry Clifton verhört zu haben. Doch da wiederholte sie schon:
„Stellen Sie sich vor, eine lebendige Taube saß auf meinem Küchentisch!"
„So ... eine Taube ..."
„Ja, Mister Clifton. Eine Brieftaube. John hat gleich die Kapsel gesehen, die am Fuß der Taube war."
„Sicher hat sie der Knall so erschreckt, daß sie ins nächste offenstehende Fenster geflogen ist, um Schutz zu suchen. Haben Sie sie weiterfliegen lassen?"
Missis Dorsing nickte: „Ja, aber vorher hat mein John in die Kapsel geguckt!"
Ihre Hand fuhr in die Tasche und mit der Miene eines Schauspielers, der seinen großen Auftritt hat, hielt sie Clifton einen Zettel entgegen.

„Mein John hat wortwörtlich alles abgeschrieben, was auf dem Papier stand."
Perry Clifton spürte ein eigenartiges Kribbeln, als er der Frau den Zettel aus der Hand nahm. Dann las er murmelnd:

> „Kopenhagen, am 12. 9. Lieber Knut! Bin gut angekommen und habe sofort Kontakt mit B. aufgenommen. Er findet die Guldenscheine gut gelungen und will für 10.000 Pfund abnehmen. Fahre jetzt nach Malmö. Gruß Pieter."

Missis Dorsing war aufgestanden und sah den Detektiv erwartungsvoll an.
„Na, was sagen Sie jetzt?"
Cliftons Gesicht war ernst:
„Sie hatten eine gute Nase, Missis Dorsing. Hier geht es ohne Zweifel um Falschgeld."
Mary Dorsings Augen glänzten:
„Und was machen wir jetzt?"
„Sie gehen nach Hause und verraten niemandem ein Sterbenswörtchen. Und ich mache mich auf den Weg um den geheimnisvollen Knut aufzuspüren ..."
Missis Dorsing schien damit gar nicht einverstanden zu sein.
„Aber ich dachte ..."
Da legte ihr Perry Clifton leise die Hand auf die Schulter und in seiner Stimme schwang die Gefahr mit, in der sich Johns Frau befand ...
„Wollen Sie Kopf und Kragen riskieren, Missis Dorsing? Diese Leute spaßen nicht, wenn sie in die Enge getrieben werden ... Sie langen zu und ... Tja, wollen

Sie in einen Keller gesperrt werden? Wollen Sie, daß Ihr John monatelang nach Ihnen sucht?"
Mary hatte es plötzlich sehr eilig. Und Perry Clifton konnte vom Fenster aus sehen, wie sie sich immer wieder hastig umsah, während sie ihrer heimatlichen Behausung in der Hertford-Street zustrebte.

36 Stunden später hatte es Perry Clifton geschafft. Der Mann wohnte in einem alten Haus am Ende der Busson-Street. Am Giebel des schmutziggrauen Hauses konnte er deutlich die beiden nebeneinanderliegenden Einlässe für die Tauben sehen.
Kurz nach 18 Uhr trafen Inspektor Scott Skiffer und zwei weitere Beamte von Scotland Yard vor dem Haus ein.
Um 18 Uhr 39 war bereits alles vorbei.
In einem Gewölbe unter dem Haus waren die Beamten auf Druckstöcke und Falschgeld gestoßen. Es handelte sich um den Gegenwert von rund 50 000 englischen Pfund in Gulden-Banknoten.
Knut Hartensen, aus Drontheim gebürtig, wollte nicht glauben, daß es eine Taube war, der er sein Pech verdankte.

Und hier die verzwickte Frage: In welchem Land war die Brieftaube, die die verräterische Nachricht bei sich trug, zu Hause?

nr. 10 Alles Gute kommt von oben

Kommissar Steiner legte den Hörer mit einer Behutsamkeit auf die Gabel zurück, als bestünde er aus zerbrechlichem Glas. Seine sonst so sachlich abwägenden Augen strahlten plötzlich entrückt, und um seine Mundwinkel spielte ein eigenartiges Lächeln.
Das alles nahm Alfons Hüttli, sein Mitarbeiter, mit einem zwiespältigen Unbehagen wahr.
Seit drei Jahren arbeitete er mit Steiner zusammen – lächeln sah er ihn jedoch noch nie.
„Hallo, Chef, ist was?" erkundigte er sich vorsichtig; und ohne seine Haltung zu verändern, antwortete der Kommissar:
„Wir kriegen Besuch. Der Diamanten-Kaiser kommt!"
Hüttli erstarrte, schluckte und fragte mit belegter Stimme: „Jan Corsova?"
„Ja, Jan Corsova. Der Mann, hinter dem seit acht Jahren die Polizisten aus dreißig Ländern her sind. Der angeblich größte und gerissenste Diamantenschmuggler der letzten fünfzig Jahre."
„Und von dem eigentlich niemand weiß, wie er in Wirklichkeit aussieht", ergänzte Alfons Hüttli.
Steiner nickte:
„Wenn wir Glück haben, werden wir in zwei Stunden wissen, wie er aussieht." Er tippte mit dem Zeigefinger auf das Telefon. „Interpol Paris war gerade

am Apparat. Sie haben einen heißen Tip bekommen, nach dem soll sich Jan Corsova an Bord der South African Airways-Maschine befinden, die um 16 Uhr 30 in Kloten landet. Angeblich führt er Diamanten im Wert einer halben Million mit sich."
Alfons Hüttli erhob sich aufgeregt:
„Und wie sollen wir ihn erkennen?"
Kommissar Steiner hatte die Hand bereits wieder auf dem Telefonhörer:
„Darüber wußte Interpol nichts zu sagen. Wir werden uns entsprechend verhalten ..."

Die Maschine der South African Airways befand sich im Anflug auf Zürich, als Lester McPearson, der Co-Pilot, einen Funkspruch des Towers von Zürich-Kloten erhielt:
„Maschine wird auf Sonderplatz eingewiesen. Ausstiege bis zum Eintreffen der Polizei geschlossen halten."
McPearson sah zu dem Chefpiloten Glenn Forster hin und wiederholte die Anweisung. Dann fragte er:
„Was hältst du davon?"
Forster zuckte nur mit den Schultern.
„Vielleicht haben wir irgendeinen Gauner an Bord ... oder eine Bombe!" Dazu grinste er.
Doch McPearson fand das gar nicht zum Lachen.
„Na, hör mal, findest du so was lustig? Ich will doch noch ein bißchen leben."
„Dann übernimm mal, ich werde den Passagieren inzwischen eine Rede halten."
Während McPearson die Steuerung übernahm, begab

sich Glenn Forster zum Heckraum, wo er die drei Stewardessen von den bevorstehenden Ereignissen unterrichtete. Anschließend ergriff er das Bordmikrophon ...

In einem Bereitschaftswagen saßen nicht weniger als vierzehn Kriminalbeamte bereit. Weitere zwanzig hatten sich im und um den Flugplatz postiert. Unter ihnen auch Kommissar Steiner, dem von Hüttli soeben eine Liste gereicht wurde.
„Sie werden es nicht glauben, Chef, aber alle männlichen Passagiere haben nur bis Zürich gebucht, während der Großteil der Damen nach Frankfurt weiterfliegt."
Steiner nahm es mit einem Nicken zur Kenntnis.
„Haben Sie sich erkundigt, wo die Männer herkommen?"
Hüttli fischte ein weiteres Papier aus der Tasche.
„Habe ich! Beim Start in Johannesburg befanden sich 39 männliche Passagiere an Bord. Davon verließen 28 in Lusaka die Maschine und 13 stiegen zu. Von den restlichen 11 Passagieren, die in Johannesburg den Flug begonnen hatten, verließen 8 in Casablanca die Maschine. Dazu sieben von denen, die in Lusaka zugestiegen waren. In London verließen drei Johannesburger, zwei aus Lusaka und alle in Casablanca zugestiegenen Passagiere die Maschine, während 28 neu hinzukamen. Alle zusammen jedoch steigen hier in Zürich aus."
Während Kommissar Steiner aufmerksam seinem Assi-

stenten zuhörte, beobachtete er interessiert das Landemanöver des gigantischen, silberblitzenden Vogels.

Zwei Stunden später waren alle männlichen Passagiere überprüft, sowie deren gesamtes Gepäck kontrolliert. Doch keine Spur führte zu Jan Corsova. Weder Körpervisitation noch die Durchsuchung des Passagierraumes der Maschine hatte Erfolg.
Man fand nicht einen einzigen Diamanten.
Kommissar Steiner fuhr sich ergrimmt durch den grauen Haarschopf.
Doch dann geschah das Wunder: Ein Beamter brachte einen hellledernen Koffer und klappte ihn auf.
Verblüfft sah der Kommissar auf einen flachen Umhängebeutel, der zuoberst lag. Er enthielt 109 prächtige Diamanten.
„Wem gehört der Koffer?"
„Einer Frau Professor Dr. Hastings aus Liverpool, Herr Kommissar!" erwiderte der Beamte mit stolzgeschwellter Brust.
„Vorführen!!" bellte Steiner den Beamten an. Gleichzeitig jedoch lächelte er zum zweiten Mal an diesem Tag.
Doch sein Lächeln gefror, als er sah, wie sein Assistent eine gebrechliche, alte Dame heranführte.
Sie sah sich den Umhängebeutel an und schüttelte den Kopf. Kein Zweifel, sie hatte keine Ahnung, wie der Beutel in ihren Koffer geraten sein konnte ...
Minutenlang verharrte der Kommissar unbewegt und starrte auf den Boden ... Ja, das war die Lösung. Ganz

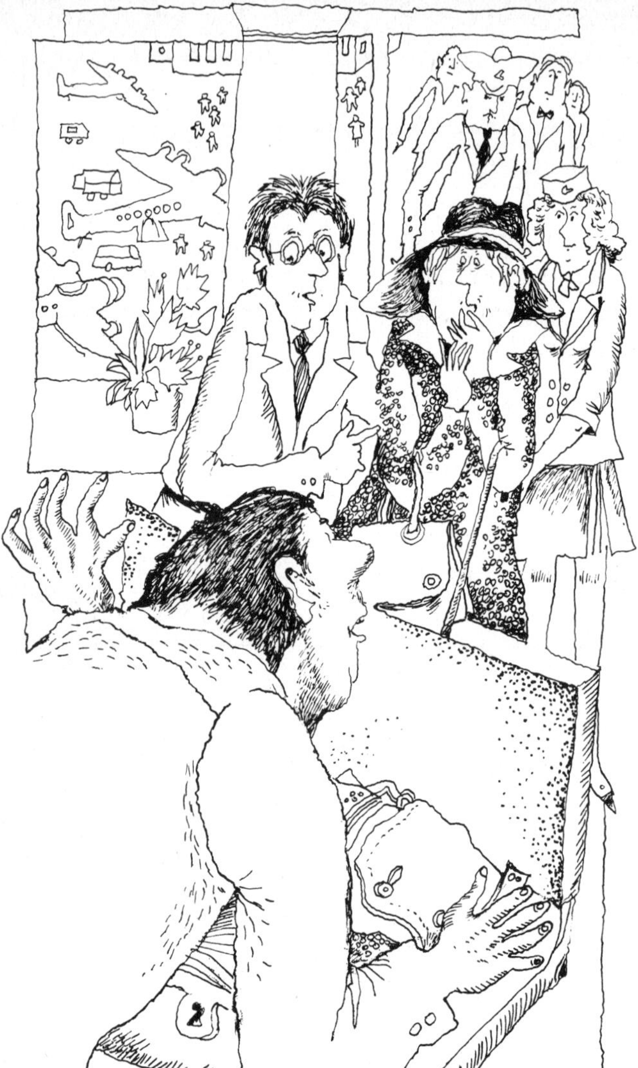

plötzlich war es ihm wie Schuppen von den Augen gefallen.
Jetzt wußte er, wo er den schon fast legendären Jan Corsova zu suchen hatte und seit wann er in der Maschine saß.

Und nun die schwierige Frage: In welcher Stadt hatte der unbekannte Diamantenschmuggler die Maschine betreten?

nr. 11 Strandgeflüster

Es war Ebbe und kurz vor 10 Uhr morgens. Trotz der ersten Novembertage gab sich die Nordsee träge und friedlich. Es war kühl und windstill.

Noch vor wenigen Tagen sah es ganz anders aus. Da gischtete und brodelte es. Sturmböen und meterhohe Brecher hatten das Meer aufgerissen und tosen lassen. Und es hatte Opfer gegeben.

Eines davon war der unter liberianischer Flagge fahrende Stückgutfrachter „Mendoza". In Sturm und Nebel war er auf die berüchtigte Sandbank von Emarongen aufgelaufen.

Seit vier Tagen und drei Nächten hing die „Mendoza" nun schon mit über 50 Grad Schlagseite im Sand. Nach einem vergeblichen Schleppversuch hatte die Mannschaft vorgestern das Schiff verlassen.

All das wußten auch die beiden Männer, die sich direkt neben dem Wasser ein Zelt auf den Sand aufgestellt hatten. Zwei Meter vom Zelt entfernt lag, halb auf dem Sand und halb von den sanft auflaufenden Wellen umspült, ein Schlauchboot mit einem dicken, starken Außenbordmotor.

Während einer der beiden Männer an einem Spirituskocher hantierte, stand der andere und starrte durch ein Fernglas. Die gekenterte „Mendoza" zeichnete sich gespenstisch klar vor seinen Augen ab.

„Schätze, daß es inzwischen 55 Grad geworden sind!" brummte er. „Es wird immer schwieriger."

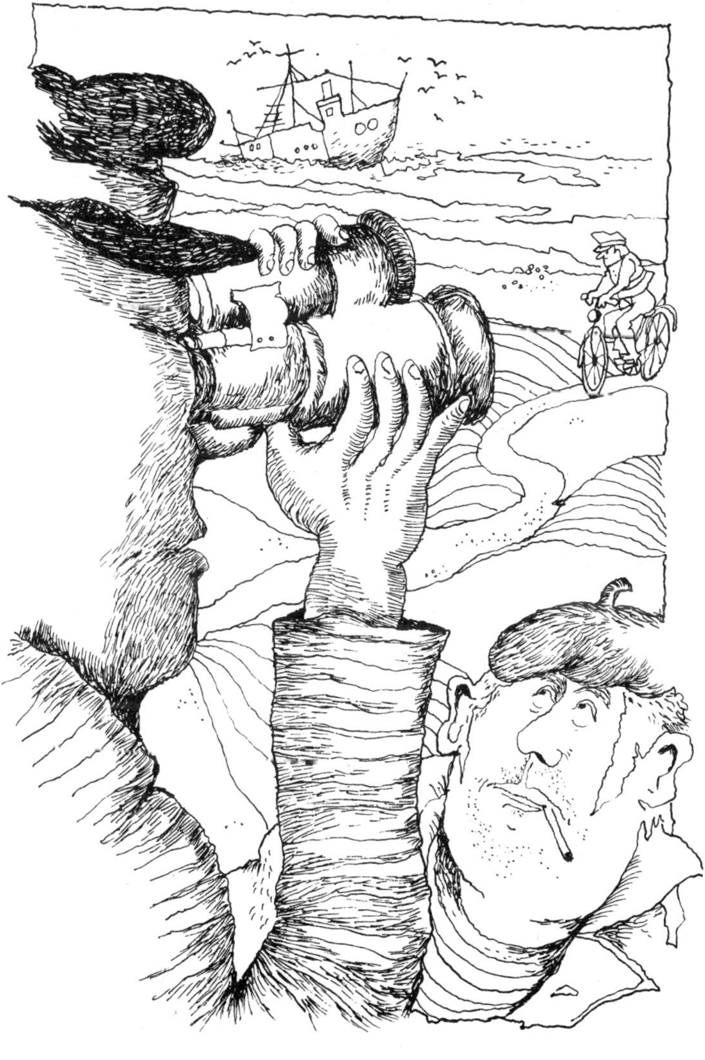

Der andere nickte. Er war der gleichen Meinung.
„Wir machen noch eine Tour, Fred, dann ist es genug. Ich habe keine Lust meinen Hals zu riskieren."
„Ja . . ."
„Man soll das Glück nicht unnötig herausfordern. Wir haben bisher genug gehabt . . ."
Der Mann mit dem Fernglas ließ seine Blicke gelangweilt über den menschenleeren Strand gleiten. Kilometerweit konnte man nach Norden und Süden sehen. Plötzlich stutzte er, fixierte eine bestimmte Stelle an und als er sicher war, sich nicht zu täuschen, rief er:
„Wir kriegen Besuch, Willem. Ein Polizist mit Fahrrad."

„Guten Tag!" sagte der Beamte.
„Guten Tag, Herr Wachtmeister!" erwiderten die beiden Männer freundlich den Gruß.
„Was machen Sie denn hier?"
„Wir sind Angler", antwortete Fred.
Der Polizist zwinkerte, und die beiden waren sich nicht sicher, ob dieses Zwinkern ihrer Antwort galt, oder ob es vielleicht eine Angewohnheit war.
„Sie angeln . . . Soso . . . seit wann denn?"
„Seit gestern früh!" sagte Willem.
Und Fred: „Warum fragen Sie eigentlich?"
Wieder zwinkerte der Mann mit dem Fahrrad.
„Der Leuchtturmwärter behauptet, zwei Männer mit einem Schlauchboot an der gekenterten ‚Mendoza' gesehen zu haben."

Fred schüttelte entrüstet den Kopf.
„Was haben wir damit zu tun?“ grollte er. „Wir haben unser Zelt hier an dieser Stelle gestern früh aufgebaut und es höchstens mal um fünfzig oder sechzig Meter zum Angelauswerfen verlassen. Aber wir wollen uns ohnehin eine neue Stelle suchen. Hier fängt man ja so gut wie nichts.“
Willem stimmte enttäuscht zu:
„Weiß der Teufel, so gut wie nichts.“
Der Finger des Polizisten machte sich lang.
„Was haben Sie denn da in den Kanistern?“
In Fred Gradεmans Augen trat ein gefährliches Glitzern. Auch in seiner Stimme schwang ein unheilvoller Unterton mit:
„In den Kanistern ist Treibstoff ... Sie können sich gern überzeugen.“
Der Polizist winkte ab.
„Wenn Sie es sagen, wird es schon stimmen.“
Dann tippte er sich an den Mützenrand und mit einem letzten Zwinkern verabschiedete er sich: „Auf Wiedersehen und Petri Heil!“
Als er außer Hörweite war, fragte Willem:
„Was ist, Fred? Ob er was gemerkt hat?“
Fred zuckte mit den Schultern.
„Wenn schon ... Sollte je ein Auto auftauchen, machen wir uns mit dem Schlauchboot aus dem Staub.“
Sie ahnten nicht, daß der Beamte wenig später mehrere Telefongespräche führte. Und maßgeblich einer Lüge hatten es die beiden zu verdanken, daß der Beamte in ihnen diejenigen sah, die sich an der Fracht der „Mendoza“ vergriffen hatten.

Als Willem und Fred eine Stunde später tatsächlich ein Polizeiauto am Strand auftauchen sahen, war es auch für eine Flucht über Wasser zu spät. Der Zollkutter war unübersehbar. Und die Beamten staunten nicht wenig, als sie den Inhalt von drei Kanistern sahen: Fünfzehn Kilo Perlen. Sie kamen aus Japan und waren für eine Firma in Amsterdam bestimmt.

Über welche Lüge stolperte der Polizist?

nr. 12 Der geheimnisvolle Transport

Sie waren zu viert.
Während Emil Letzke den Lieferwagen chauffierte, saßen die Brüder Willy und Anton Hiller, sowie Adalbert Pessly, Ali genannt, hinten im Laderaum und diskutierten ihren Auftrag.
„Ich habe in meinem Leben schon viel geklaut", sagte Ali in diesem Augenblick, „aber so was noch nicht."
Willy Hiller nickte.
„Schon wegen das Gewicht!"
Er stand wie sein Bruder mit der Grammatik etwas auf dem Kriegsfuß. „Wer klaut schon so schweres Zeugs, sage ich ..." pflichtete Anton geistreich seinem Bruder bei, und fragte dann: „Und wozu?"
Ali schabte sich das unrasierte Kinn.
„Vielleicht sammelt der solche Sachen – oder aber es steckt ein Geheimnis dahinter."
„Was'n für'n Geheimnis?"
Doch das wußte Ali auch nicht. Dafür erinnerte er sich plötzlich:
„Meine Mutter wollte mal, daß ich so was lerne ... O ja, die hatte Sinn für was Hohes!"
Als in diesem Augenblick der Fahrtwind das ferne Sirenengeheul eines Polizeiwagens hereinwehte, zogen die drei Gauner unwillkürlich die Hälse zwischen die Schulterblätter.

Zehn Minuten später verlangsamte der Lieferwagen sein Tempo. Es war mittlerweile 0 Uhr 55 geworden. Emil Letzke schaltete die Beleuchtung des Wagens aus und bog in eine schmale Seitenstraße ein. Sie endete vor einem schmiedeeisernen Tor, hinter dem sich der große, asphaltierte Schulhof des Heinrich-Heine-Gymnasiums ausdehnte.

Willy Hillers geschickte Hände brauchten nur Sekunden, dann schwangen die beiden Flügel des Tores geräuschlos zurück.

1 Uhr 10 war auch die Haustür geknackt. Während Letzke den anderen drei Ganoven Traggurte zuwarf, flüsterte Ali:

„Was machen wir, wenn der Hausmeister Krawall schlägt?"

„Der soll einen Schlaf wie einer in Narkose haben!" räumte Letzke Alis Bedenken aus dem Weg.

„Wo is'n die Aula von die Schule?" erkundigte sich Anton.

„Im 1. Stock!" erwiderte Letzke. „Die sind immer im ersten Stock!"

Und dann schlichen sie im Gänsemarsch die steinernen Stufen hinauf. Die Tür des Festsaals war unverschlossen.

„Dort steht es. Hoffentlich ist es nicht zu schwer."

Ali dachte dabei an seinen eben erst abgeklungenen Hexenschuß.

„Vier bis fünf Zentner", mutmaßte Emil Letzke, und zischte im gleichen Augenblick ein heftiges „Psstt" durch die Zähne. Adalbert Pessly hatte einen lauten Schreckensschrei ausgestoßen. Wie sollte sein kaum ver-

heilter Hexenschuß den auf ihn zukommenden Gewichtsanteil von 100 Pfund verkraften?

Vorsichtig befestigten die Männer ihre Traggurte und Letzke zählte:

„Eins – zwei – drei!!"

Stöhnend und keuchend schleppten die vier Männer ihre Beute davon.

Da sie keine Spezialisten waren, brauchten sie fast zwanzig Minuten bis zum Hof. Als sie das „schwere Dreckding", wie Willy es bezeichnete, endlich im Wagen hatten, hob Ali den Deckel.

„Soll ich mal?"

Doch in diesem Augenblick machte Emil Letzke eine furchtbare Entdeckung: alle vier Reifen waren platt wie Kartoffelpuffer. Das konnte doch nicht mit rechten Dingen zugehen.

Noch bevor die vier Diebe diese Tatsache einer näheren Untersuchung unterziehen, geschah etwas weiteres: Vier Polizeibeamte tauchten wie aus dem Boden gewachsen auf. Auch der Hausmeister, der angeblich den Schlaf eines Narkotisierten haben sollte, war plötzlich zur Stelle. Doch das Allerschlimmste kam noch: Unter den schadenfrohen Anfeuerungsrufen der Beamten mußten Emil Letzke und seine drei Spießgesellen das „schwere Dreckding" wieder in den Festsaal zurückschleppen.

Und nun die kinderleichte Frage: Was wollten die Vier stehlen?

nr. 13 Die Kleeblattbande

Die Bande bestand aus fünf Mitgliedern: vier Jungen und einem Mädchen. Sie wohnten alle im gleichen Haus und nannten sich die „Kleeblätter". Ein Name, der noch aus der Gründungszeit stammte. Aus einer Zeit also, als Ilona noch kein Mitglied war.
Ziel und Aufgabe der Kleeblattbande bestand darin, in Bedrängnis geratenen Schulkameraden zu helfen.

Sei es bei den Schularbeiten, oder sei es beim „Untertauchen“ nach irgendwelchen Lausbubenstreichen.
Doch diesmal war guter Rat teuer.
Auf der Tagesordnung stand eine Ladentürscheibe. Sie war von Arno, dem zwei Stunden älteren Rappold-Zwilling mit einem schlecht gezielten Hartgummiballwurf zerstört worden. 79 DM sollte der Ersatz kosten. Doch Arnos Bemühungen waren bei 29 Mark stehengeblieben.
Die Bande tagte lang und beschloß zu versuchen – jeder für sich – das fehlende Geld aufzutreiben.
Soweit der Stand, als sich die fünf Mitglieder am 29. September gegen 17 Uhr 30 nach langer Beratung trennten.

Genau 24 Stunden später, also am 30. September gegen 17 Uhr 30, betrat Frau Gruner mit verweinten Augen das Polizeirevier in der Stephansgasse.
Unter Schluchzen reichte sie einem der diensttuenden Beamten einen Zettel hin. Mit gerunzelter Stirn las dieser den mit Buchstaben aus einem Kinderdruckkasten zusammengestellten Text:

> Wenn Sie Ihren Kanarienvogel Hansi lebend wiederhaben wollen, dann beschaffen Sie von Ihrer Bank sofort 50 Mark. Weitere Anweisungen gehen Ihnen zu! Sollten Sie die Polizei alarmieren, lassen wir die Katze in den Käfig.

Zuerst lächelte Wachtmeister Sutter, dann fragte er:
„Haben Sie einen Verdacht?“

„Ich weiß nicht... Es kann ja gar kein Fremder sein. Woher sollte er denn wissen, daß ich auf dem Fensterbrett vom Küchenfenster den Vogelbauer stehen habe. Und daß mein Küchenfenster meistens offensteht..."

„Und daß der Vogel Hansi heißt!" ergänzte der Wachtmeister. „Sie wohnen im Erdgeschoß?"

Frau Gruner bejahte, und eine dicke Zähre rann ihr über die Wange.

„Die werden dem Hansi doch nichts tun?"

Der Polizist schüttelte bestimmt den Kopf:

„Es ist ein Dummerjungenstreich... wohnen in Ihrem Haus Kinder, denen man so was zutrauen könnte?"

Frau Gruner mußte nicht lange überlegen.

„Fünf wohnen im Haus ... vier Jungen und ein Mädchen ... Aber sie sind alle eigentlich sehr nett. Ich könnte mir nicht vorstellen..." Sie schluckte schwer und fuhr fort: „Vor einiger Zeit haben sie einen Club oder so was Ähnliches gegründet... Ilona hat mir mal davon erzählt... Eine Art Hilfsverein soll es sein..."

„Na also! Knöpfen wir uns zunächst das Mädchen vor!"

Vorher jedoch spannte der Beamte einen Bogen in die Schreibmaschine und tippte den „Erpresserbrief" ab. Während er ihn in die Schublade versenkte, steckte er das Getippte ein. Dann nickte er seinem Kollegen kurz zu und machte sich zusammen mit Frau Gruner auf den Weg.

Ilona war zu Hause. Und sie war ehrlich erschrocken, als sie las, was ihr der Beamte hinhielt. Sie gab auch sofort zu, daß die Bande dringend 50 Mark benötigte. Doch welcher der Kleeblätter dafür in Frage käme, das wußte sie auch nicht zu beantworten. Konnte man ihr glauben?

Kleeblatt Nr. 2 war Günter.

„Lies!!" forderte ihn der Wachtmeister auf. „Das hat einer von euch mit einem Druckkasten gemacht."

„Ich war es nicht!" antwortete Günter, blaß bis zum Ansatz seiner Bürstenhaare.

„Aber ihr braucht doch fünfzig Mark – oder?"

Günter tat erstaunt: „Fünfzig Mark???"

„Ja, oder nein?" Die Stimme des Wachtmeisters war plötzlich gar nicht mehr freundlich.

„Ja", nickte Günter kleinlaut. „Es ist wegen Arno . . ."

„Und wer hat das hier gemacht?"

„Ich weiß es wirklich nicht, Herr Wachtmeister! Ich war es nicht."

Kleeblatt Nr. 3 hieß Erich und kam gerade aus der Badewanne.

„Hast du einen Druckkasten?"

„Nein, warum?" Erich tat, als sei er der unschuldigste Mensch der Welt. „Ist einer abhanden gekommen?"

Der Beamte gab ihm das Blatt zu lesen.

„Mensch, das ist 'n Ding!" staunte Erich; doch als er den vorwurfsvollen Blick seiner Mutter sah, verbesserte er sich: „Der arme Vogel . . ."

„Und du hast keine Ahnung, wer das geschrieben oder verfaßt haben könnte?"

„Keine Ahnung!"
„Sag die Wahrheit, Erich!" forderte die Mutter ihren Sproß auf, doch der wiederum beteuerte:
„Es ist die Wahrheit. Ich habe keine Ahnung!"
Kleeblatt Nr. 4 wollte sich im Hof gerade auf das Fahrrad schwingen. Klaus Lamprecht war sein Name. Er stritt alles von vornherein ab. Er wisse weder was von 50 Mark, noch ließe er sich so was anhängen. Und dann meinte er noch, daß sich sein Vater beim Polizeipräsidenten beschweren würde.
Der Wachtmeister hörte sich alles geduldig an. Dann aber meinte er:
„Du hast jetzt viel geredet, mein Sohn, jetzt wird es Zeit, daß du auch mal denkst!"
„An was soll ich denken?" fragte Klaus verblüfft.
„An die arme Frau Gruner!"
„Ich war's aber nicht!" rief er trotzig. Und mit einem Riesensatz schwang er sich in den Sattel und radelte davon. Der Wachtmeister dagegen kletterte wieder zum zweiten Stock hinauf.
Rudi Kamenke saß bei den Schularbeiten, als seine Mutter mit dem Wachtmeister eintrat.
„Hast du eine Ahnung, warum ich zu dir komme?" fragte der gleich Kleeblatt Nr. 5.
„Nein . . . ist denn was passiert?"
Herr Sutter hielt ihm den Bogen hin.
„Kennst du das?"
Rudi las aufmerksam und entrüstete sich:
„Nein, kenne ich nicht."
„Es muß aber jemand von der Kleeblattbande verfaßt haben."

„Von uns hat aber gar keiner einen Druckkasten. Das weiß ich ganz genau."

„Und du hast auch keine Ahnung, von wem das stammen könnte?"

Rudi zuckte mit den Schultern:

„Ich wüßte nicht."

Wachtmeister Sutter verabschiedete sich, brannte sich im Treppenhaus eine Zigarette an und stieg nachdenklich nach unten. Als ihm wenig später Frau Gruner öffnete, sagte er ihr, wer der „Erpresser" sei. Und er sagte weiter:

„Gehen Sie zu ihm und richten Sie ihm aus, daß ich noch einmal Gnade vor Recht ergehen lassen werde. Vorausgesetzt, daß er Ihnen vier Wochen lang alle Besorgungen abnimmt."

Eine halbe Stunde später eilte ein Kleeblatt eilig und auf Zehenspitzen durch das Haus, um aus einem Versteck im Wäscheboden einen Vogelbauer zu holen.

Und hier unsere Frage: Welches Kleeblatt war der Vogeldieb? Die Ilona – der Günter – der Erich – der Klaus – oder der Rudi?

nr. 14 Der Schreck kam bei der Wetterkarte

Sie waren zu zweit und saßen in einer Nische von „Otto's Kümmelschuppen", einer kleinen Eckkneipe, die zu dieser frühen Stunde noch gähnend leer war. Niemand störte den kriminellen Dialog der beiden Gauner.

„Hast du nicht Lust mal ein paar Tage Ferien zu machen?" erkundigte sich Siegfried.

„Ferien???" grinste Waldemar und fragte: „Hältst du mich frei?"

Siegfried schüttelte den Kopf. „Ich hab' was ausbaldowert. Kennst du die Waldsiedlung?"

„Na klar, das ist doch die Gegend, wo die vielen hübschen Einfamilienhäuschen stehen."

„Stimmt! Und eines davon steht leer. Bis zum 26. Januar sind die Bewohner beim Wintersport in St. Moritz. Ich hab's durch Zufall erfahren."

„Na und?"

„Es wär genau das richtige, um mal eine Woche auszuspannen. Fremde Konserven essen, fremden Kognak trinken und fremde Zigarren rauchen."

Waldemar zeigte ein skeptisches Gesicht.

„In einem kalten Haus, wo du nicht mal Licht machen kannst? Das soll gemütlich sein?"

Sein Kumpan streckte den linken Daumen in die Luft:

„Erstens hat so ein Edelbunker Ölzentralheizung, und zweitens ..." der Zeigefinger kam zum Daumen, „sind an allen Fenstern die Rolladen heruntergelassen. Da können wir Licht machen so viel und so lang wir wollen. Da scheint kein Schimmerchen hinaus ..."

Zwei Tage später, es war der 8. Januar und das Thermometer zeigte minus 15 Grad an, begannen Siegfried und Waldemar das Unternehmen „Ferien im Edelbunker".

Gegen Mitternacht schlichen sie sich an das Haus heran, und Siegfried, Spezialist für Schlösser, löste das Türproblem in weniger als sechzig Sekunden.

Angenehme Wärme schlug ihnen entgegen, und beim Anblick der vielen Brücken und Teppiche schleuderte Waldemar die Schuhe von den Füßen. Als er auch noch einen vollen Kühlschrank und eine zum Bersten gefüllte Tiefkühltruhe vorfand, kannte seine Begeisterung keine Grenzen. Aus der Tiefkühltruhe delegierte er sofort zwei ungarische Fleischenten ans warme Kunstlicht.

Achtzehn Stunden vergingen.

Während Siegfried im Kamin ein gewaltiges Holzfeuer entfachte, deckte Waldemar den Tisch für die inzwischen knusprig braun gebratenen Enten. Später schalteten sie leise den Fernsehapparat an.

Als sie sich gerade schmatzend vor Wohlbehagen mit den Schenkeln der Enten beschäftigten, kündigte der Mann von der Wetterkarte weitere kalte Tage an. Noch bevor die beiden ungebetenen Gäste diese Tatsache gebührend diskutieren konnten, klingelte es an der Haustür.

Waldemar wußte vor Schreck nicht, was er zuerst tun sollte: die Ente hinunterschlucken oder in den nächsten Kleiderschrank kriechen. Sekundenlang saßen die beiden starr wie zwei Denkmäler. Als sich ihr Verstand endlich wieder zu regen begann, war es bereits spät.

Die Besatzungen zweier Funkstreifenwagen standen mitten im Zimmer, schnupperten den Bratenduft und klapperten dazu mit den Handschellen.

Aus einer Bemerkung des Gefängniswärters Xaver Almhuber geht hervor, daß die beiden „Urlauber" noch immer nicht wissen, welchen unverzeihlichen Fehler sie begangen haben.

Und ihr, Detektive wißt ihr es?

Eine kleine Hilfestellung: Der Fehler hängt weder mit dem Licht, dem Fernsehapparat – noch mit den Enten zusammen.

nr. 15 Das große Geschäft

Sie waren beide große Geschäftsleute: der Bruno Saviersky aus Wien-Hüttelsdorf und der Franzi Gschmeiner aus Wien-Ottakring.
Der eine, Bruno, machte in Spirituosen, und der andere, Franzi, machte in Textilien.
Natürlich seriös.
Doch hinter der seriösen Fassade wurden ganz andere Geschäfte abgewickelt. Dunkle, verbotene und – schmutzige.
Eines Abends kam Bruno Saviersky aus Hüttelsdorf zum Franzi Gschmeiner nach Ottakring.
„Servus, Franzi! Was machen die Geschäfte?"
„So recht und schlecht ... und bei dir?"
„Ebenso! ... Ja, was ich sagen wollte, ich habe einen Mordscoup an der Angel. Willst du dich beteiligen?"
„Warum machst du es nicht allein?"
„Weil ich im Augenblick nicht so viel Geld habe."
„Um was gehts denn?" erkundigte sich Franzi mit dem notwendigen Mißtrauen.
„Um illegales Gold. Fünfzig Kilo in Barren!"
„Um Gold? Hm, da kenn ich mich eigentlich nicht gut aus ... Wie hast du dir die Abwicklung denn vorgestellt?"
Bruno entwickelte mit vielen Gesten seinen Plan:
„Wir brauchen eine runde Million Schillinge. Das Gold kommt auf dem Luftweg aus der Schweiz. Und

zwar mit einer Privatmaschine, die auf einem kleinen privaten Flugplatz zwischen Graz und Wien landet. Haringen heißt der Ort. Du bringst fünfhunderttausend ein und ich bringe fünfhunderttausend ein. Die Goldbarren werden 50 : 50 geteilt."

„Das wären also rund 100% Gewinn", hatte der Franzi flugs überschlagen. Und als hätte er in eine Zitrone gebissen, konstatierte er: „Nicht gerade ein mitreißender Gewinn."

„Aber währungsbeständig und wertbeständig. Dabei kein Risiko mit Zwischenhändlern. Lieber den Spatz in der Hand als den Klapperstorch auf dem Kirchturm!"

„Hm . . ." machte Franzi. Und nach einer Weile noch einmal: „Hm . . . Wann soll das Geschäft denn stattfinden?"

„Am Montag kommender Woche. Um Mitternacht!"

„Und warum gerade am Montag?"

„Weil da Vollmond ist! Es ist doch kein beleuchteter Flugplatz . . ."

„Gut! Aber ich will bei dem Tausch Geld gegen Gold dabeisein!"

Bruno schien ehrlich betrübt. Und kopfschüttelnd erklärte er:

„Geht nicht, Franzi. Du kannst dich höchstens in der Nähe versteckt halten. Eine Bedingung dieses Schweizers war es, daß die Transaktion keinen Augen- und Ohrenzeugen hat."

„Also gut", stimmte Franzi nach längerem Nachdenken zu und rieb sich dabei verstohlen die Hände, „dann werde ich eben in der Nähe sein."

Sie fuhren gemeinsam in jener Vollmondnacht in das kleine Dorf Haringen zwischen Graz und Wien. Und mit ihnen reiste im Fond ein Koffer, in dem wohlverpackt genau eine Million Schillinge lagen. Gegen 23 Uhr 30 erreichten sie den stillgelegten Kleinflugplatz, der vor Jahren von einem Flugsportverein angelegt worden war.
Der Mond verbreitete so viel Helligkeit, daß man hätte Zeitung lesen können.
Während sich Franzi mit dem Wagen am Rande des Platzes postierte, marschierte Bruno, mit Stablampe und Geldkoffer ausgerüstet, dreihundert Meter weiter in die Mitte der mit Unkraut überwucherten Piste. Franzi sah ihn stehen.
Kurz vor Mitternacht, zuerst entfernt wie das Summen einer Hornisse, dann immer näher kommend, hörten sie das zuletzt hell-schnarchende Geräusch einer kleinen Maschine.
Bruno begann die Stablampe zu schwenken. 0 Uhr sieben rollte die Maschine Type Piper aus.
Was dann kam, glich einem gespenstischen Theater.
In rasender Fahrt näherte sich mit Sirene und Blaulicht ein Wagen der Polizei.
Vier Uniformierte sprangen heraus und umringten Bruno. Der Pilot, mit einem Bein schon draußen, starrte schreckgelähmt auf die Szene... oder tat er nur so? Als ihn einer der Polizisten anschrie, er möge sich so schnell wie möglich aus dem Staub machen, verschwand er blitzschnell in seinem Cockpit. Der Motor dröhnte auf und drei Minuten später war von ihm nichts mehr zu sehen.

Erst jetzt wandten sich die Uniformierten an Bruno.
„Wo ist das Geld?“
Als Bruno fast aus Versehen in Richtung des Koffers sah, rissen sie ihm den aus der Hand.
„Eine Quittung über die Beschlagnahme können Sie sich morgen in Wien auf dem Polizeipräsidium abholen. Und außerdem – halten Sie sich zur Verfügung der Polizei!“
Einer der Männer lachte. Und ebenso schnell, wie sie gekommen waren, verschwanden sie wieder. Mit ihnen eine Million Schillinge.

Ja, liebe Detektive, ihr habt sicher längst erraten, daß hier einer der beiden Gauner ein ganz besonders makabres Theaterspiel inszeniert hat. Natürlich waren die Polizisten nicht echt. Wer aber der beiden war der größere Gauner? Bruno, der Spirituosenhändler – oder Franzi, der Textilienhändler?
Wer legte den anderen herein und betrog ihn damit um eine halbe Million Schillinge???

nr. 16 Das verräterische Foto

Sergeant Ken Wibble von Scotland Yard stieg die schmale, knarrende Holztreppe hinauf. Es roch nach Kohl, gekochter Wäsche und ungelüfteten Wohnungen. Neugierige und haßerfüllte Blicke begleiteten ihn. Hier, in diesem Londoner Stadtteil, sah man die Polizei entweder am liebsten von hinten oder aus weiter Entfernung.

Ken Wibble tappte einen langen Gang entlang und studierte dabei aufmerksam die meist mit Heftzwecken angebrachten papiernen Namensschilder. Hundegekläff, Kindergeschrei und andere Geräusche drangen durch die Türen. Wibble spürte die intensive Feindseligkeit, doch er ignorierte sie.

Endlich schien er gefunden zu haben, was er suchte: „Arthur Curby“ stand auf dem handgeschriebenen Zettel.

Die Klingel war defekt.

Ken Wibble klopfte.

Arthur Curby öffnete höchstpersönlich. Als er Wibbles ansichtig wurde, verzog sich sein Gesicht, als wolle ihn jemand zwingen, eine Flasche Essig auszuleeren.

„Was wollen Sie?“

Der Sergeant klopfte auf seine Jackettasche.

„Ich habe einen Haftbefehl gegen Sie, Arthur. Widerstand wäre zwecklos, da meine Spielkameraden unten warten.“

Arthur Curby winkte ab:

„Wozu Widerstand? Ich habe nichts ausgefressen. Und wenn der Haftbefehl kein Witz ist, dann ist er ein Irrtum."

Sergeant Ken Wibble zog ein Foto aus der Tasche. Bevor er es Curby hinhielt, fragte er:

„Was haben Sie gestern gemacht?"

„Hm ...", machte der Gefragte und schien ernsthaft über diese Frage nachzudenken. „Gestern?? ... Bis Mittag habe ich geschlafen und anschließend gelesen. Dazu ein paar Flaschen Bier getrunken und Fernsehen angeguckt ..."

„Hier! Was sagen Sie dazu?"

Arthur Curby nahm das Foto. „Eine Hochzeit??"

„Ja, eine Hochzeit!" nickte der Sergeant. „Braut, Bräutigam und eine Menge Hochzeitsgäste in einem großen Saal kurz vor dem Mittagessen ... Nach dem Essen allerdings betrauerten eine ganze Anzahl Gentlemen den Verlust ihrer Brieftaschen. Außerdem fehlte so manch Wertvolles in den kleinen Täschchen einiger Ladys ..."

Wibble sah Curby vielsagend an:

„Na, kommen Ihnen bei der Aufzählung irgendwelche Erinnerungen, Mister?"

„Nein!"

„Sie sind sogar auch auf dem Foto zu sehen, Curby! Da! ..." Wibble zeigte auf einen bärtigen Mann im dunklen Anzug.

„Ihnen ist das Wichtigste entgangen: Ich trage keinen Bart. Der auf dem Foto trägt aber einen Bart."

Wibble grinste ironisch:

„Ich bin sicher, daß der sich mit einiger Mühe finden

3
GIN

läßt, Mister. Oder sind Sie da vielleicht anderer Meinung?"

Da stieß Curby ein meckerndes Lachen aus:

„Hehehehe, das ist wirklich ein Witz. Ihrer Meinung nach klebe ich mir also einen Bart ins Gesicht, ziehe einen schwarzen Anzug an, fahre nach Kensington, mische mich unter die Hochzeitsgäste und plündere sie so nach und nach aus ... He?"

„Ja, so wird es gewesen sein."

Arthur Curby schüttelte höhnisch den Kopf.

„Da sind Sie aber auf dem Holzweg ... Das nimmt Ihnen kein Richter ab ... Da brauchen Sie Zeugen ..."

Jetzt lachte Ken Wibble. Breit und zufrieden.

„Brauche ich nicht, Curby. Sie haben sich ja selbst verraten!" Er tippte an einen Knopf seiner Jacke. „Hier, das ist ein Mikrophon. Und alles, was wir zwei jetzt gesprochen haben, hörten drei Mann unten im Streifenwagen mit. Eine prima Erfindung! Kommen Sie, ich erzähl' Ihnen unterwegs, welchen Fehler Sie gemacht haben."

Welchen Fehler hat Arthur Curby gemacht? Womit hat er sich selbst überführt?

nr. 17 Eine Premierengeschichte

Zwei volle Stunden hatte sich Herr Bremer nach Kinokarten angestellt. „Die Nachteule" hieß der lustige Kriminal-Trickfilm, der am morgigen Sonntag Premiere haben sollte.

Statt der gewünschten vier hatte er jedoch nur drei Karten bekommen. Eine Tatsache, die ihn sehr bedrückte. Wer und welcher von seinen vier Söhnen sollte nun zu Hause bleiben?

Ja, und als er ihnen dann gegenüberstand, kam er sich noch unglücklicher vor.

„Hört zu", begann er seine Rede, „mit Kinokarten für morgen hat's geklappt, aber ..."

Das „aber" ging buchstäblich im Jubel von Jochen, Peter, Christian und Herbert unter. Und es dauerte eine ganze Weile, bis er weitersprechen konnte. „Leider sind es nur drei Karten. Einer muß also zu Hause bleiben. Wer meldet sich freiwillig?"

Stille.

Alle vier betrachteten plötzlich mit ungeahntem Interesse das Muster des Teppichs. Sie taten, als spielten sich dort die spannendsten Dinge ab.

„Also niemand!" konstatierte Max Bremer.

Da hob Jochen, der mit 14 Jahren älteste, den Kopf: „Wir könnten es doch ausknobeln, Papi!"

„Ausknobeln ist Mist!!" maulte Herbert und schnitt

eine Grimasse. Er schien mit dem Knobeln nicht die besten Erfahrungen gemacht zu haben.

„Ich hab's!“ sagte da Herr Bremer, und mit den Worten: „einen Augenblick, ich bin gleich wieder zurück!“ verließ er die Wohnung. Sie hörten ihn an der Nachbartür klingeln. Drei Minuten später war er wieder da und winkte mit einer Illustrierten. „Ich hab mir mal eine Radiozeitung ausgeliehen!“

„Eine Radiozeitung? Aber wir haben doch selbst eine“, staunte Christian.

„Aber nicht diese. Hier drin gibt es einen Teil, der nennt sich ‚Club der Detektive‘. Und da habe ich eine Geschichte gelesen. Eine Geschichte mit Fehlern. Ja, und ihr werdet jetzt diese Geschichte ebenfalls lesen. Die drei von euch, die der tatsächlichen Anzahl der Fehler am nächsten kommen, gehen ins Kino. Einverstanden?“ Alle vier nickten.

Jochen las zuerst:

Arnold Weingärtner, ein Ganove der oberen Einkommensklasse, wurde von der Unterwelt Zürichs allgemein geschätzt und bewundert. Befaßte er sich doch nicht mit kleinen Gaunerstückchen. Wenn er einen Coup startete, dann galt der nur dem großen Geld.

So bestellte er an einem Donnerstag, man schrieb den 14. September, zwei Männer in sein 800 Kronen kostendes 1-Zimmer-Appartement am Ufer der Limmat, von dem er einen wunderschönen Blick über den Vierwaldstätter See hatte. Alle drei Räume seiner Wohnung waren mit antiken Möbeln ausgestattet.

Die Männer waren pünktlich, und Weingärtner erklärte:

„Ich will am Sonntag einem privaten Spielclub in Winterthur einen Besuch abstatten. Es ist alles vorbereitet. Nach meinen Schätzungen springen dabei mindestens sieben- bis achthunderttausend an Bargeld heraus."

Sandor Hermes, Kurt Wegeli und Matheos Uschali lauschten den Worten Weingärtners. Und sie waren davon überzeugt, daß es ein Plan war, der fast alle Eventualitäten berücksichtigte.

Am 18. September gegen 20 Uhr brachen sie in Zürich auf. Es war ein Sonntag, der sich in nichts von anderen Sonntagen unterschied.

45 Minuten später erreichten sie das harmlos aussehende Haus in der Zürcher Straße von Winterthur. Wer nichts von einem Spielclub wußte, der fragte sich, wem alle die großen, schweren Limousinen gehörten, die hier parkten.

Alles ging wie am Schnürchen.

Noch bevor die etwa siebzig anwesenden Gäste richtig begriffen, was geschah, waren Arnold Weingärtner und seine Garde bereits auf dem Rückzug.

Und doch sollte das Unternehmen noch ein unrühmliches Ende nehmen.

Weingärtner konnte nicht ahnen, daß in einem der parkenden Autos ein Züricher Kriminalbeamter namens Klosterberg saß und seit Stunden das Haus beobachtete. Er war hinter einem gewissen Stucki her, von dem man annahm, er handle mit Falschgeld. Angeblich sollte er heute abend hier erscheinen.

Da Klosterberg sofort wußte, was das Auftreten Weingärtners und Komplicen bedeutete, gab er über Funk augenblicklich Alarm. Als die Räuber ihren Wagen erreichten, staunten sie nicht wenig: Vierzehn Beamte waren alles andere als eine angenehme Überraschung.

Jochen schob die Zeitung weiter an Peter und flüsterte seinem Vater „fünf" ins Ohr. Peter kam auf vier, Christian auf sechs und Herbert auf sieben Fehler.

Die Aufgabe lautet: Welcher der vier Jungen mußte zu Hause bleiben? Welcher war von der tatsächlichen Fehleranzahl am weitesten entfernt?

nr. 18 Die gute Gelegenheit

Es war eine sternklare Nacht.
Der überwiegende Großteil der Stadt schlief. Nur die Barbesucher, Nachtwächter, -schwärmer und -portiers waren noch auf den Beinen. Und natürlich die, denen die Nacht ein Bundesgenosse war; wie zum Beispiel Hannes Neumann, dem Kaufhausschreck.
Auch in dieser Nacht war er wieder unterwegs.
Nachdem er sich Zutritt zur Garage des Central-Kaufhauses verschafft hatte, drang er von dort aus in die Verkaufsräume des Warenhauses ein. Und er kannte sich aus, dieser Hannes Neumann. Er wußte genau, wo zu finden war, was später den größten Gewinn abwarf.
Innerhalb einer hastigen Stunde hatte er in zwei Koffer gepackt, was er mitnehmen wollte: acht Fotoapparate von der teuersten Sorte, zwei Radiorekorder, aus der Schmuckabteilung zwölf Brillantringe, vierundzwanzig goldene Armbänder, vier Perlenketten und sechs brillantenbesetzte Krawattennadeln. Aus der Uhrenabteilung neunzehn kostbare Herren- und sechsundzwanzig goldene Damenarmbanduhren. Ferner packte er drei Ferngläser, ein Mikroskop und drei silberne Zigarettenetuis ein.
Die Auslagen in den geplünderten Schaukästen und Vitrinen ordnete er so an, daß der Wächter auf seinen Kontrollgängen ahnungslos an ihnen vorbeiging.

MODE

Die Bombe platzte erst später. Und zwar, als das Verkaufspersonal am Morgen eintraf.
Um 8 Uhr 15 alarmierte die Direktion die Polizei und wies die Angestellten an, eine genaue Liste der gestohlenen Artikel anzufertigen.
Niemand ahnte, daß Hannes Neumann zu diesem Zeitpunkt bereits in einem 300 Kilometer entfernten Unfallkrankenhaus lag. Er war in einer Öllache mit seinem Wagen ins Schleudern gekommen und gegen einen Brückenpfeiler geprallt.
Als die Landespolizei seinen Wagen untersuchte, stieß sie dabei auch auf die beiden Koffer und vermutete sofort, daß es sich hierbei um Diebesgut handelte. Aber noch konnte sie den Verunglückten nicht fragen. Er lag in tiefer Narkose.

Gegen 11 Uhr hielt die Direktion des Central-Kaufhauses die Liste über alle Verluste in ihren Händen. So fehlten seit der letzten Nacht acht wertvolle Fotoapparate, zwei Radiorekorder, zwölf Brillantringe, vierundzwanzig Armbänder, vier Perlenketten, sechs brillantenbesetzte Krawattennadeln, insgesamt siebenundvierzig kostbare Herren- und Damenarmbanduhren, drei Ferngläser, ein Mikroskop sowie drei silberne Zigarettenetuis.
Die Direktion war entsetzt, doch sie atmete auf, als sie gegen 15 Uhr einen Anruf der Kriminalpolizei erhielt. Man kenne den Dieb und habe ihn in Verwahrung. Außerdem sei das gesamte Diebesgut vollzählig und unbeschädigt sichergestellt worden. So, wie

es der Täter in die Koffer verpackt habe, so würde es ihr im Laufe des Abends wieder zugestellt.
Zwei Tage später wurde im Zusammenhang mit diesem Diebstahl ein Verkäufer fristlos entlassen.

Ein Kriminalfall für Anfänger – oder? Hier nun die Fragestellung: In welcher Abteilung arbeitete der Entlassene?

nr. 19 Der falsche Mann

Toni Grabert, Empfangschef, nahm den Hörer von der Gabel und meldete sich:
„Hotel am Turm!"
Sekundenlang lauschte er in die Muschel, dann erwiderte er: „Nein, ein Inspektor Gebhard wohnt nicht bei uns... Wie bitte, ein Zimmer bestellt? Mir ist nichts bekannt."
Wieder lauschte er. „Selbstverständlich, ich werde es ihm ausrichten."
Gegen 19 Uhr trat ein Mann an die Rezeption:
„Ich hatte ein Zimmer bestellt. Gebhard mein Name!"
Der Empfangschef machte eine zackige Verbeugung. „Guten Tag, Herr Inspektor!"
Da legte der Neuankömmling einen Finger über die Lippen und erwiderte leise: „Ich bin inkognito hier und habe ein Zimmer auf den Namen Baumann bestellt."
„Jawohl, Herr Baumann!" flüsterte Toni Grabert. „Sie haben Zimmer 39. Und dann soll ich Ihnen sagen, Sie möchten umgehend das Präsidium anrufen."
Inspektor Gebhard alias Herr Baumann nickte.
„Wo kann ich telefonieren?"
„Dort drüben neben der Tür zur Bar ist die Telefonzelle. Sind Sie hinter jemandem her?"
Wieder nickte Herr Baumann:
„Ich hoffe, Sie lassen sich nichts anmerken. Er heißt

Karnietzky, reist aber unter ständig wechselnden Namen. Wir haben einen Tip bekommen, daß er hier im Hotel abgestiegen ist."

Elf Stunden später.

Es war eine Minute nach sechs Uhr, als es leise aber unüberhörbar an die Tür von Zimmer 39 klopfte.

Müde und verschlafen schälte sich Inspektor Gebhard aus den Kissen, rief „Moment", schlüpfte in seinen Bademantel und öffnete.

Toni Grabert stand draußen, bleich und bebend.

„Karnietzky hat sein erstes Opfer gefunden!" sagte er mit zitternder Stimme. „Würden Sie bitte mitkommen in das Büro des Direktors."

Sie sprachen auf dem Weg kein Wort miteinander.

Im Büro des Direktors befanden sich bereits vier Leute: der Direktor höchstpersönlich, der Nachtportier, der Hausdetektiv und die Baronin Leonie von Hohnstein-Brügge.

Die Baronin sprach zuerst:

„Man sagt, Sie seien von der Polizei. Bitte, beschaffen Sie mir sofort meinen Schmuck."

Und der Direktor: „Man hat der Baronin heute nacht den gesamten Schmuck gestohlen."

„Und ich habe die Baronin ausdrücklich darum gebeten, ihren Schmuck in das Hotelsafe zu tun", brummte der Hoteldetektiv mürrisch.

„Ja, das hat er, ich bin Zeuge!" bestätigte Toni Grabert mit einem bissigen Seitenblick auf die erlauchte Dame.

Inspektor Gebhard hatte die Hände in den Taschen des Bademantels vergraben.

„Es war wohl nicht besonders klug, gnä' Frau, den Schmuck hinter der Heizung zu verstecken. Ein Hotelsafe wäre tatsächlich sicherer gewesen." Und dann hielt der Inspektor der Baronin einen Vortrag zum Thema Leichtsinn. Niemand bemerkte dabei, wie Toni Grabert das Zimmer verließ und von der Rezeption aus das Polizeipräsidium anrief.

„Hallo!" hauchte er in den Hörer. „Verstehen Sie mich, wenn ich so leise rede?"

„Ja, ich kann Sie gut verstehen. Was gibts denn?"

„Ich wollte gern wissen, ob es bei Ihnen einen Inspektor Gebhard gibt ... einen Kriminalinspektor Gebhard."

„Nein, ist mir nicht bekannt ..."

„Auch kein ähnlicher Name?" wollte Grabert wissen.

„Auch kein ähnlicher Name!"

„Dann schicken Sie mir bitte ganz schnell ein paar Leute her. Bei mir wohnt nämlich einer, der behauptet Inspektor Gebhard zu sein ..."

Woran merkte Toni Grabert, daß mit dem angeblichen Inspektor etwas nicht in Ordnung war?

nr. 20 Fröhliche Ostern

Die Osloer staunten nicht wenig, als es am Ostersonntag zu schneien begann, nachdem allerorts bereits der Frühling ausgebrochen war.
Straßen und Plätze hatten sich seit Wochen schnee- und eisfrei gezeigt, und auf den Wiesen blühten die Krokusse. Nun das!
Es schneite ohne Unterbrechung und am Morgen des Ostermontag lag die norwegische Hauptstadt unter einer dichten Schneedecke, die stündlich zunahm.
Sven Lauritzen vom Osloer Kriminalreferat „Einbruchsdiebstahl“ schien wenig begeistert, als ihm an jenem Montag, gegen 10 Uhr 30, ein Besucher namens Arne Nilsson gemeldet wurde. „Warum kommt dieser Mann nicht neunzig Minuten später“, haderte Lauritzen. Dann wäre nämlich seine Ablösung Matti Osgard zuständig gewesen.
So kam es, daß Arne Nilsson kein besonders freundliches Gesicht vorfand. Doch in seiner Aufregung merkte er es gar nicht.
„Ich bin bestohlen worden!“ erklärte er.
Sven Lauritzen deutete auf einen Stuhl.
„Bitte, setzen Sie sich. Name, Beruf und dann – was ist Ihnen gestohlen worden?“
„Ich heiße Arne Nilsson und bin Mitinhaber des Antiquitätengeschäftes Björndal & Nilsson ...“ Er zog schnaufend den Atem ein, und fuhr fort: „Als ich heute morgen ins Geschäft kam ...“

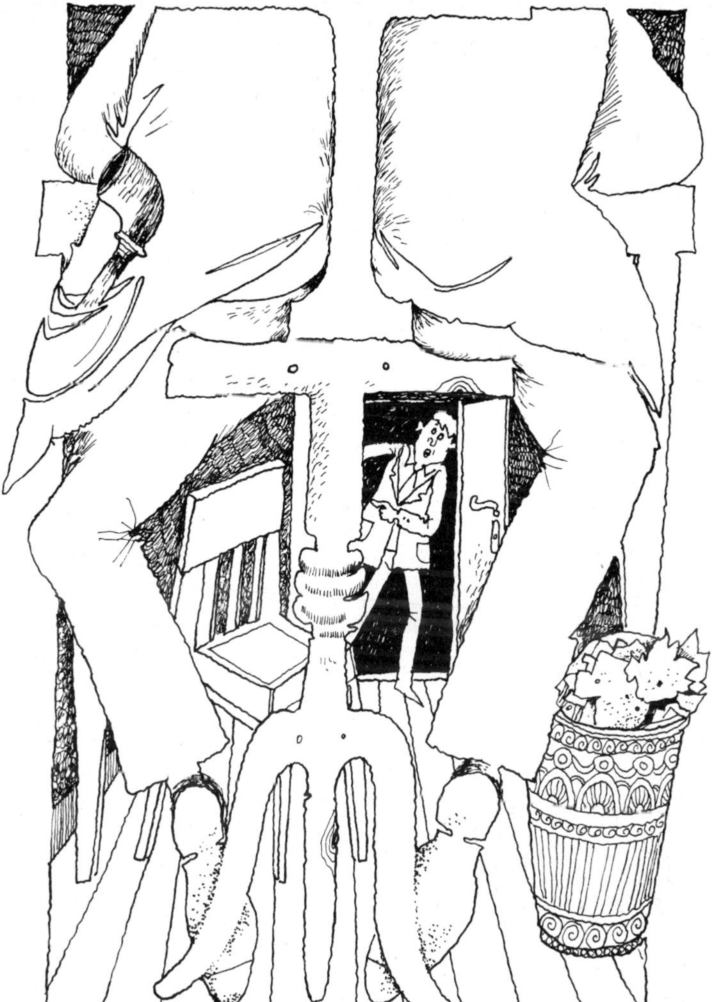

Hier unterbrach Lauritzen:
„Gehen Sie an Sonn- und Feiertagen immer in Ihr Geschäft?"
„Immer ... Und wenn es nur für ein paar Minuten ist. Ich brauche den Geruch von Altertum zum Leben wie andere Butter und Brot ... Ja, also ich kam heute ins Geschäft ... und da ... da hat mich fast der Schlag getroffen ..." Für einen Augenblick sah es so aus, als könnte sich das gleiche noch einmal wiederholen. „Drei wertvolle Skulpturen, eine unersetzliche diamantenbesetzte Schnupftabaksdose und massivgoldene Eßbestecke für vierundzwanzig Personen sind verschwunden."
„Und wie sind die Diebe in den Laden gekommen?" fragte Lauritzen, während er sich einige Notizen machte.
„Das ist es ja, Herr Inspektor, das ist es ja", erwiderte Herr Nilsson mit einem eigenartigen Blick zur Decke. „Kein aufgebrochenes Schloß, keine Spur von Gewalt ..."
„Aus Ihrer Miene sehe ich, daß Sie einen bestimmten Verdacht haben ..."
„Ja!!" zischte da der Antiquitätenhändler, und seine Augen funkelten. „Ich habe meinen Kompagnon in Verdacht. Er ist leichtsinnig, er hat nie Geld, und wissen Sie, warum er kein Geld hat?"
Lauritzen schüttelte seinen Kopf.
„Weil er spielt. Ja, Herr Inspektor, er spielt. Und jemandem, der spielt, dem traue ich nicht über den Weg."
Aus irgendeinem Grunde schien Nilsson nicht gut auf

seinen Teilhaber zu sprechen zu sein. War es wirklich nur dessen Spielleidenschaft?
„Was hat er denn zu dem Diebstahl gesagt?“ erkundigte sich Sven Lauritzen.
„Nichts! Ich habe ihn nämlich gar nicht erreicht. Zwanzigmal habe ich das Telefon läuten lassen.“
Der Inspektor sah auf seine Uhr und ergab sich innerlich in sein Schicksal. Dann erklärte er:
„Ich rufe jetzt einen Beamten, der ein Protokoll aufnimmt. Dann mache ich einen Besuch bei Ihrem Teilhaber und komme von dort aus direkt in ihr Geschäft. Wo wohnt Herr Björndal?“

Als Lauritzen das Haus von Knut Björndal in dem Osloer Vorort erreichte, war es genau 11 Uhr 45.
Björndal öffnete im Pyjama und war wohl ehrlich erschrocken, als er hörte, was geschehen war.
Und er gab an, daß er bis eben geschlafen habe. Außerdem behauptete er, seit Sonnabendnacht sein Haus zu keiner Stunde und Minute verlassen zu haben. Dann bat er:
„Würden Sie mich bitte mit zum Geschäft nehmen?“
Lauritzen stimmte zu:
„Selbstverständlich!“
Und Björndal fuhr fort:
„Ich hab zwar ein Auto, aber zur Zeit keinen Schlüssel. Ich muß auf Tauwetter warten.“
„Und warum?“
„Weil mir der Schlüssel zwischen Garage und Haustür in den Schnee gefallen ist. Ich habe ihn nicht

wiedergefunden. Und den zweiten Schlüssel hat meine Frau, und die kommt erst nächste Woche zurück"

Schon an der Tür drehte er sich noch einmal um und zwinkerte dem Beamten verschmitzt zu.

„Sollte mich gar nicht wundern, wenn der gute, alte Arne Nilsson das ganze Theater nur inszeniert hat, um mir eins auszuwischen. Er kann nämlich nicht verstehen, daß ich ab und zu gern ein Spielchen riskiere. Er meint, eines Tages würde ich noch das ganze Geschäft verlieren . . . oder besser gesagt: verspielen. Er steckt von der Fußsohle bis zum steifen Kragen voller Mißtrauen."

Gegen 13 Uhr trafen sie dann alle im Geschäft zusammen. Arne Nilsson, Knut Björndal und Inspektor Sven Lauritzen.

Noch wußte Lauritzen nicht, ob nun wirklich etwas gestohlen worden war. Er wußte nur eines: Einer der beiden hatte ihn belogen.

Und damit kommen wir wieder zur wichtigen Frage: Wer war der Lügner? Arne Nilsson oder Knut Björndal?

Lösungen

nr. 1: *Solo für Melodica*

Der Erpresser heißt Peter Maier. Obgleich Bernd Martin nur sagte: „... wie er etwas in seine Tasche steckte ...“ wußte Peter Maier, daß es sich dabei um eine Rechenmaschine handelte.

nr. 2: *Der anonyme Brief*

Der anonyme Briefschreiber war natürlich kein anderer, als Herr Saxe. Noch bevor Paul Möllers näher auf den ominösen Brief einging, wußte Saxe bereits, daß es sich um ein anonymes Schreiben handelte.

nr. 3: *Die Königin der Taschendiebe*

Da der bayerische „Landmann“ in Wirklichkeit eine Frau ist, reagiert er auch als solche. So betritt sie – zu ihrem eigenen Unglück – trotz Männerkleidung die Damentoilette. Und das mußte selbst dem einfachsten Polizisten merkwürdig vorkommen.

nr. 4: *Die Geister lassen bitten*

Ohne zu wissen, *wer* bestohlen worden ist (was er auch gar nicht wissen konnte), wußte Oliver sofort, daß es eine SIE war. „Hat *sie* den Täter erkannt?“ war seine erste Frage.

nr. 5: *Der Inselschreck*

Der Mann mit den Sirenen war der Kaufmann Hiller. Immer, wenn er auf Wache stand, fand das Geheul erst nach 3 Uhr statt. Und wenn er nicht Wache hielt, heulte es grundsätzlich an einem nichtbewachten Ort.

nr. 6: *Der Gemälderaub*

„England" wäre die richtige Antwort gewesen. Denn dort zählt man die Entfernungen mit „Meilen", und man fährt links.

nr. 7: *Die Schmuggel-Story*

Diese Geschichte enthält fünf sachliche Fehler.

1. Wenn die Sonne am höchsten steht, wirft sie *keine* Schatten. Weder lange noch kurze.
2. Dieser See konnte gar keine Strömung haben.
3. Seelachs ist ein Salzwasserfisch.
4. Es wurden *200 Uhren* geschmuggelt, nicht zwei Dutzend!
5. Um 0 Uhr 10 begannen die beiden zurückzurudern. Infolgedessen war es ausgeschlossen, daß um Mitternacht eine Zollstreife auf das Boot stieß.

nr. 8: *Der Fall Lagranette*

Wer das Bild genau betrachtet, wird entdecken, daß im Hintergrund eine rauchende Zigarre liegt. Da Lagranette selbst überzeugter Nichtraucher war, mußte also jemand im Hause sein, dem diese Zigarre gehörte.

nr. 9: *Die Taube und der Düsenjäger oder Ein Fall für Perry Clifton*

Wie im Fall nr. 6 muß es auch diesmal „England" heißen. Eine Brieftaube kehrt in der Regel immer in den heimatlichen „Schlag" zurück. Und in diesem Fall ist es offensichtlich, daß Pieter die Nachricht aus Gründen der Sicherheit per Taube schickte.

nr. 10: *Alles Gute kommt von oben*

Der unbekannte Diamantenschmuggler war in Johannesburg zugestiegen. Und er war kein anderer, als der Chefpilot Glenn Forster. Alle männlichen Passagiere verließen in Zürich die Maschine. Es konnte also nur jemand sein, der bis Frankfurt flog und – im entscheidenden Augenblick (das war die Order der Polizei) Zugang zu den Gepäckstücken hatte.

nr. 11: *Strandgeflüster*

Angeblich hatten die beiden Männer ihr Zelt am Morgen des Tages zuvor an der Stelle aufgebaut, an der sich die Unterhaltung ereignete. Da zu diesem Zeitpunkt gerade Ebbe war, wären sie der Lüge überführt. Wären sie wirklich seit über 24 Stunden an diesem Ort gewesen, hätte die Flut sie längst fortgespült.

nr. 12: *Der geheimnisvolle Transport*

Ein einziges Wort genügt: Klavier.

nr. 13: *Die Kleeblattbande*

Kleeblatt Nr. 5 war der „Bösewicht". Als der Wachtmeister Rudi Kamenke den schreibmaschinegefertigten Text zeigte, hätte dieser nicht wissen dürfen, daß die echte Botschaft aus Druckbuchstaben zusammengesetzt war.

nr. 14: *Der Schreck kam bei der Wetterkarte*

Der gute Siegfried machte einen großen Fehler, als er im Kamin ein gewaltiges Holzfeuer entfachte. Rauch ist schließlich nichts Unsichtbares.

nr. 15: *Das große Geschäft*

Bruno legte den Franzi rein. Er wußte natürlich, daß es weit und breit kein Gramm Gold gab. Wäre Franzi der Drahtzieher dieser Hinterhältigkeit gewesen, hätte er nicht nur nach Geld, sondern auch nach Gold fragen lassen.

nr. 16: *Das verräterische Foto*

Wenn Curby *nicht* der Täter war, wie konnte er dann wissen, daß die Hochzeit in Kensington stattgefunden hatte?

nr. 17: *Eine Premierengeschichte*

Herbert war von der tatsächlichen Fehlerzahl *fünf* mit seinen „sieben" am weitesten entfernt. Die fünf Fehler waren:

1. In der Schweiz bezahlt man mit Franken, nicht mit Kronen.

2. Zürich liegt am Zürich-See, nicht am Vierwaldstätter See.
3. Ein Ein-Zimmer-Appartement hat keine drei Räume.
4. Angeblich bestellte er zwei Männer. In Wirklichkeit kamen jedoch drei.
5. Wenn der Donnerstag der 14. September war, kann der Sonntag nicht der 18. sein.

nr. 18: *Die gute Gelegenheit*

Der ungetreue Angestellte, den man entlassen hat, arbeitete in der Uhrenabteilung. Er nahm die gute Gelegenheit des Diebstahls war und zweigte zwei Uhren für sich ab. Er meldete 47 Uhren als gestohlen. In Wirklichkeit jedoch waren es 19 Herren- und 26 Damenarmbanduhren. Der Schwindel kam in dem Augenblick heraus, als das gesamte Diebesgut wieder sichergestellt werden konnte.

nr. 19: *Der falsche Mann*

Außer der Baronin konnte nur noch der Dieb wissen, daß der Schmuck hinter der Heizung versteckt war.

nr. 20: *Fröhliche Ostern*

Der Lüge überführt war Knut Björndal. Angeblich hat er das Haus seit Sonnabend nicht verlassen. Wie kann er dann seinen Autoschlüssel im Schnee verloren haben, da es doch erst am Sonntag zu schneien begann?

Hallo, liebe Detektive, erinnert Ihr Euch noch an die Titelgeschichte, in der Herr Maier so gekonnt eine alte irische Weise auf einer MELODICA blies?
Nun, hier ist *es,* jenes Instrument, auf dem sich *jede* Melodie spielen läßt, wenn man es erlernt hat. Und wer es schnell und mit Spaß lernen will, kann sich zum Instrument eine Melodica-Kassette und eine Lehrfibel gleich dazu kaufen, *oder noch besser:* schenken lassen.
Ehrenwort: Es macht einen Riesenspaß!

Spannende Bücher von Wolfgang Ecke in den Ravensburger Taschenbüchern

Wer knackt die Nuß? 1. Band	**Band 86**
Wer knackt die Nuß? 2. Band	**Band 131**
Wer knackt die Nuß? 3. Band	**Band 336**
Perry Clifton oder Der Herr in den grauen Beinkleidern	**Band 144**
Perry Clifton und die Dame mit dem schwarzen Dackel	**Band 149**
Perry Clifton und das Geheimnis der weißen Raben	**Band 161**
Perry Clifton und die Insel der blauen Kapuzen	**Band 199**
Der Mann mit dem roten Zylinder	**Band 251**
Die Jagd nach dem gelben Krokodil	**Band 292**
Erben auf schottisch (Hrsg. W. Ecke)	**Band 315**
Das Schloß der roten Affen. Club der Detektive 1	**Band 208**
Der Mann in Schwarz. Club der Detektive 2	**Band 214**
Das Gesicht an der Scheibe. Club der Detektive 3	**Band 221**
Solo für Melodica. Club der Detektive 4	**Band 227**
Das Geheimnis der alten Dschunke. Club der Detektive 5	**Band 264**
Das Haus der 99 Geister. Club der Detektive 6	**Band 306**
Kichergeschichten	**Band 337**